AF250721

SCENE IV.

MARGUERITE *sur le devant de la scene, dans le fond* M. DE VERVILLE *qui entre avec* THIBAUT, & JEANNETTE *qui va sortir*).

(*Jeannette près de la porte, se trouve en face de M. de Verville. Elle lui fait une petite révérence, en se rangeant de côté, puis elle continue sa marche.*

M. DE VERVILLE.

Eh bien, où vas-tu, mon enfant ? Est-ce que tu as peur de moi ?

JEANNETTE (*se retournant à demi*).

Oh non, Monseigneur. On n'a

plus de peur, dès qu'on vous a vu.
Attendez-moi seulement ; je vais
revenir.

SCENE V.

MARGUERITE *sur le devant de
la scene*, M. DE VERVILLE
& THIBAUT *dans le fond.*

M. DE VERVILLE (*à Thibaut*).

ELLE a une mine bien éveillée,
cette petite fille.

THIBAUT.

Mais oui. Et sa sœur donc ? Elles
font toutes les deux d'une espié-
glerie charmante.

M.

M. DE VERVILLE.

(En s'avançant apperçoit Marguerite qui s'approche de lui, & le salue.

Ah bonjour Marguerite, comment cela va-t-il?

MARGUERITE.

Comme le tems, Monseigneur, qui ne va pas mieux. Et vous ?

M. DE VERVILLE.

A merveille, Dieu merci. J'ai mille choses à te dire de la part de ma femme. Il s'en est fallu de peu qu'elle ne vînt avec moi.

THIBAUT.

Elle n'auroit pas si mal fait. L'air des champs vaut mieux que

B

votre air de la ville, qui sent le
le renfermé.(*Voyant que M. de Ver-*
ville tient son chapeau à la main).
Mais, Monseigneur, pourquoi ces
complimens ? Mettez donc votre
chapeau. Vous êtes chez votre fermier comme chez vous.

M. DE VERVILLE.

(*Lui montrant avec un sourire*
son chapeau de soie à mettre sous
le bras).

Tu vois qu'il n'iroit pas sur ma
tête. Ce n'est pas l'usage à la ville
de nous couvrir.

THIBAUT.

Oh, tout le monde se couvre
ici. Vous permettez bien, Monseigneur ? (*Il met son chapeau sur la*

tête). On a bien raison de dire:
Autre mode à la ville, autre mode
aux champs. (*A part*). C'est dróle
pourtant des chapeaux qui ne cou-
vrent pas.

SCENE VI.

M. DEVERVILLE, THIBAUT, MARGUERITE, CHAMPA-GNE & PICARD.

CHAMPAGNE.

(Qui porte avec Picard, par les deux anfes, une grande corbeille couverte).

MONSIEUR, où voulez-vous que nous mettions ceci?

M. DE VERVILLE

Là, dans un coin. Fort bien. Picard, tu diras au cocher de mener les chevaux dans la meilleure hôtellerie, & d'y remiser la voiture.

PICARD.

Avez-vous des ordres à donner à vos gens?

M. DE VERVILLE.

Qu'ils se fassent apprêter un bon dîner. Je les régale : mais point d'excès de vin. Je ne repartirai que dans la soirée. Vous reviendrez à six heures.

PICARD.

Il suffit, Monsieur.

(Ils sortent)

SCENE VII.

M. DE VERVILLE, THIBAUT, MARGUERITE.

Tu vois, Thibaut, que nous aurons le tems de causer ensemble. Mais d'abord je voudrois voir toute ta famille. Tes enfans, où sont-ils ?

THIBAUT.

Chacun à sa besogne. Mes fils dans les champs, et mes filles au jardin. Monseigneur voudroit-il visiter ses bleds ?

M. DE VERVILLE.

Non pas à présent ; ce soir, quand la chaleur sera passée.

THIBAUT.

Ils font beaux, au moins. Il y en aura pour cent piftoles comme pour un écu.

M. DE VERVILLE.

Tant mieux, tant mieux. (*Il tourne la vue de tous côtés dans l'intérieur de la chambre*). Mais qu'eft-ce donc? C'eft comme fi tu avois ici un encan? Pourquoi tous ces meubles & toutes ces hardes en tas?

THIBAUT.

Parce que nous favions que vous deviez venir.

M. DE VERVILLE.

Eh bien?

THIBAUT.

Je vous ai dit ce matin que nous n'étions pas en état de vous payer notre fermage. C'est pourquoi il est de notre devoir de vous abandonner tout ce que nous possédons, & que vous voyez ici rassemblé. Avec l'argent de nos meubles, de nos habits & de notre grain, nous voulons vous payer aussi loin que cela pourra s'étendre. Ce qui s'en faudra, nous tâcherons de le gagner à force de travail, pour vous satisfaire jusqu'au dernier sou. J'espère que Monseigneur voudra bien se contenter aujourd'hui de cet à-compte, & attendre le reste avec un peu de patience.

MARGUERITE.

Vous nous avez montré jusqu'ici tant de bonté ! Et puis ce n'est pas notre faute, si nous sommes tombés dans la misere.

THIBAUT

Vous le savez, comme moi, Monseigneur, j'avois desséché ces marais là-bas, pour en faire des prairies. Elles réussissoient à merveille. Tout ce que nous avions d'argent de reste de l'année derniere, nous l'avions mis en bestiaux pour les élever, les engraisser & les vendre. Vingt têtes de gros bétail nous faisoient une petite fortune, qui pouvoit nous mettre en état de vous payer au terme. Il ne falloit qu'en

mener une partie au marché. La
sécherelle est venue. Nos prés na-
voient guere plus d'herbe que ma
main. J'ai nourri mes bêtes de
la paille de mon lit, du chaume
qui couvre ma cabane, & quelquefois de mon pain. Quand j'ai voulu
m'en défaire, je n'ai trouvé personne qui les voulût acheter, faute
d'avoir de quoi les faire vivre. La
mortalité s'est mise dans mon éta-
ble ; tout a péri. Il ne m'est resté
que mes dettes; mais je ne dois
qu'à vous Monseigneur. Allez visiter nos champs, vous y verrez si
j'ai négligé leur culture. Vous verrez si mon travail, celui de ma
femme & de mes enfans ne peut
pas me mettre un jour en état de

m'acquitter. Je ne puis cependant vous en donner d'autre gage que ma parole ; mais si j'ai toujours été jusqu'ici exact à vous satisfaire, j'ose croire que vous y comptez un peu.

M. DE VERVILLE.

Oui, mes amis, je vous connois. Comment ne me contenterois - je pas de la promesse d'aussi braves gens que vous l'êtes ?

THIBAUT.

Je vous remercie, Monseigneur. Ces douces paroles me réjouissent encore plus que votre bonté. Il est si rare qu'un créancier dise à celui qui le fait perdre, qu'il est un honnête homme !

M. DE VERVILLE.

Il est si rare aussi, mon cher Thibaut, qu'un créancier, trouvant son débiteur dans l'impuissance de le satisfaire, puisse rendre un juste témoignage à sa probité !

SCENE VIII.

M. DE VERVILLE, THIBAUT, MARGUERITE, JANNETTE

portant des deux mains une cage à poulets, & LOUISON tenant d'une main des œufs dans une corbeille, & relevant de l'autre les coins de son tablier, où sont quelques poignées de petite monnoie.

Jannette pose la cage aux pieds de M. de Verville, Louison y met aussi sa corbeille ; puis elle prend le chapeau de M. de Verville, & y jette à pleines mains l'argent qu'elle a dans son tablier, & le lui présente.

LOUISON.

TENEZ, Monseigneur, voila tout ce que nous possédons. Nos poulets,

nos

nos œufs & notre argentNous n'en avons pas d'avantage. N'eſt-ce pas, Jeannette ?

JEANNETTE.

Non, en vérité, vous pouvez nous en croire. Nous n'avons pas aur.e choſe.

THIBAUT.

(*Jettant les yeux ſur le chapeau par-deſſus l'épaule de M. de Verville*).

Tant d'argent ? Et comment vous eſt-il venu ?

LOUISON.

Des poulets de ma ſœur, de mes œufs & de mes bouquets, que ma mere a vendus pour nous à la ville

C

JEANNETTE.

C'étoient nos premieres épargnes pour commencer à nous entretenir. Mais nous les donnons bien volontiers pour toi.

LOUISON.

Oh oui, c'est de tout notre cœur.

THIBAUT (*avec transport*).

Je les reçois de même. Jamais argent ne m'a fait tant de plaisir ! Allons, Monseigneur, autant de rembourfé. (*Aux enfans*). Que je me réjouis, mes cheres filles, de vous voir penser comme vos parens !

M. DE VERVILLE.

Eh quoi ! c'est de vous-mêmes que vous faites cela ?

JEANNETTE.

Puisque mon pere n'eſt pas en état de vous ſatisfaire tout ſeul, il faut bien l'aider de tout notre pouvoir.

M. DE VERVILLE.

Ah, Thibaut ! que tu es heureux dans ton malheur ! La tendreſſe de tes enfans te dédommage mille fois de tes pertes. (*A Jannette & à Louiſon*). Non mes cheres amies, je ne vous dépouillerai pas de votre premiere richeſſe. Reprenez tout ce que vous m'avez offert de ſi bonne grace. Je n'ai de comptes à régler qu'avec votre pere.

THIBAUT.

Laiſſez-les faire : elles n'y ont pas de regret.

M. DE VERVILLE.

Et toi, n'en as-tu point de leur voir perdre leur petite fortune ?

THIBAUT.

Comment donc, Monseigneur ? Rien de si naturel & de si doux, que de recevoir des secours de ses enfans. Je serois aussi riche que le Roi, que tout ce que je posséderois seroit à eux. Quand je n'ai rien, tout ce qu'ils ont est à moi. Chacun pour tous les autres, c'est quitte à quite. (*Aux enfans*). Vous voulez bien toujours payer pour nous, n'est-ce pas ?

JEANNETTE (*en lui serrant les mains*).

Ah, mon pere !

LOUISON.

Je voudrois que nous en eussions cent fois d'avantage. Nous donnerions tout avec le même plaisir.

THIBAUT.

Vous les entendez, Monseigneur?

M. DE VERVILLE.

Et moi, je ne le recevrois point, fût-il mille fois plus considérable. (*A Louison*). Tiens ma chere petite, reprends ton trésor, je t'en prie.

(Il veut renverser l'argent qui remplit son chapeau dans le tablier de Louison : elle refuse de le recevoir. Enfin, après bien des instances de M. de Verville, elle fait semblant d'y céder, & prend le chapeau, mais elle va le poser sur la table

à côté des autres effets, & lui dit
en s'éloigant) :

Vous le trouverez là avec tout
le reste.

M. DE VERVILLE (*se retournant
vers elle*).

Que fais-tu donc? Attends, attends.

.LOUISON.

Je ne veux seulement pas vous
écouter. Viens, Jeannette.

(*Elles sortent l'une & l'autre en
sautant*).

SCENE IX.

M. DE VERVILLE, THIBAUT, MARGUERITE.

THIBAUT (*poussant la cage & la corbeille sous la table*).

JE vous disois bien que c'étoient de petites espiégles. On ne les attrape pas comme on veut.

M. DE VERVILLE.

Mais quoi, Thibaut, est-ce que tu prétends les laisser payer pour toi ?

THIBAUT.

Pourquoi non ? c'est si simple.

M. DE VERVILLE.

Il me paroît que tu ne connois guere les usages de la ville.

THIBAUT.

Il me suffit de connoître que ce que je fais est bien. A la ville, ou aux champs, que m'importe ? Justice & devoir sont pour moi la même chose. Est-ce que cela ne se pratique pas ainsi chez vous ?

M. DE VERVILLE.

C'est précisément le contraire dans la plûpart des occasions.

THIBAUT.

Que me dites-vous, Monseigneur?

M. DE VERVILLE.

Oui, mon ami, cela va te surprendre ; mais il n'est que trop vrai. Lorsque par de folles dépenses de vanité, ou par des entreprifes avides ruineuſes, on s'eſt mis hors d'é- tat de payer ſes dettes, on cherche à tranſporter ſur la tête de ſes en- fans les biens avec leſquels on avoit ſurpris la confiance de ſes créan- ciers. Et lorſque ceux-ci ſe pré- ſentent, alors les parens n'ont plus rien ; & tout ce qu'ils paroiſſoient poſſéder, ſe trouve entre les mains des enfans, qui le gardent.

THIBAUT (*avec indignation*).
Quelle épouvantable friponnerie !

MARGUERITE.
C'eſt trop affreux !.

THIBAUT.
Et les loix ne diſent rien à ces manœuvres ?

M. DE VERVILLE.

A force d'artifices, on fait bien les rendre muettes.

THIBAUT.

Vos loix font auffi corrompues que ceux qui leur ferment la bouche, fi elles ne parlent pas. Ecoutez, Monfeigneur, je n'entends rien à la procédure ; mais je dirois en face à cette juftice qui fe laiffe brider, qu'elle n'a plus rien à faire fur la terre, & qu'elle s'en aille aux enfers, où du moins les méchans font punis. Si j'étois la dupe des pères, j'irois chez les enfans, & je leur demanderois de quel droit ils s'emparent des biens qui devoient me payer? S'ils me difoient : Nous les avons reçus de nos parens. Je leur répondrois : Vos parens n'ont pu vous les donner; ces biens font à moi. Je leur ferois vendre, fans pitié, jufqu'à leur lit, pour me rembourfer.

M. DE VERVILLE.

Les affaires ne fe conduifent pas ainfi.

THIBAUT.

Je les ferois bien marcher à ma guife. Ces pères & ces enfans ne font qu'une bande de voleurs.

M. DE VERVILLE.

Les premiers font les plus coupables.

THIBAUT.

Non, Monfeigneur, fauf votre

respect, les seconds le sont encore plus. Les uns sont des fripons, mais les autres des monstres. Lorsqu'un étranger nous a tiré d'embarras, ne sommes-nous pas obligés, tant qu'il nous reste une goutte de sang honnête dans les veines, de le secourir à notre tour, s'il a besoin de nous? Et les enfans qui doivent tout à leurs pères! qui leur ont coûté tant d'inquiétudes, tant de dépenses et de travaux! Je ne puis y penser sans frémir. Si j'avois vu mon pere hors d'état de payer ce qu'il devoit, il ne m'eût pas laissé une obole, que j'aurois cru devoir remplir tous ses engagemens. J'aurois pris pour héritage le devoir d'acquitter sa mémoire, & de conserver la pro-

bité

bité de son nom. Quand je n'aurois eu que du pain jusqu'à la mort ;
quand il m'auroit fallu travailler jusqu'à ce que le sang me sortît des
ongles & des cheveux, j'aurois payé
toutes ses dettes ; & à la dernière,
je serois allé sur sa sépulture, &
je lui aurois dit : Tu ne dois plus
rien, mon père, tu peux dormir.

M. DE VERVILLE.

Brave Thibaut !

THIBAUT.

Oui, Monseigneur, je l'aurois
fait. Juste Ciel ! peut-on donner le
nom d'enfans à ces créatures déna-
turées, qui, plutôt que de se priver
de quelques douceurs dans la vie,
consentent lâchement à ce que leurs

pères foient traités comme des fripons ? Je n'aurois pas befoin d'être
un des malheureux créanciers, pour
les maudire eux-mêmes, ces monf-
tres d'enfans.

SCENE X.

M. DE VERVILLE, THIBAUT, MARGUERITE, LOUISON.

LOUISON (*du feuil de la porte*).

MON père, les vaches de Gervais qui font arrivées. Faut-il les
faire entrer?

THIBAUT.

Y penfes-tu ? Je vais les voir.
Permettez, Monfeigneur; cela vous
regarde. Elles font encore à vous. Je
vous dirai tantôt comme elles me

font venues. (*En s'en allant*). Graces au Ciel, les biens nous pleuvent aujourd'hui de tous les côtés.

(*Il fort avec Louifon, qui n'a pas osé s'avancer, de crainte que M. de Verville ne la pressât encore de reprendre fon argent*).

SCENE XI.

M. DE VERVILLE. MARGUERITE.

M. DE VERVILLE.

Ton mari m'étonne, Marguerite. Je favois bien que c'étoit un homme plein d'honneur et de droiture; mais lui trouver des fentimens fi élevés dans la profondeur même de l'infortune, je t'avoue que je ne m'y ferois jamais attendu.

MARGUERITE.

Je l'ai toujours vu comme vous le voyez, Monseigneur. Il ne cherche d'abord dans les affaires que le parti de la justice ; & quand il l'a trouvé, il le prend, pour le soutenir envers & contre tous, à commencer par lui-même. Au reste il n'est que ce qu'il doit être.

M. DE VERVILLE.

Il est vrai. Mais quoi ! dans la position où il se trouve réduit, ne pas balancer un instant !

MARGUERITE.

Oh, vous ne le connoissez pas Il nous verroit tous sans pain,

plutôt que d'avoir le moindre reproche à se faire ; & il n'en seroit
pas plus étonné. Jamais son courage
ne l'abandonne. Il se joue de la
fortune encore plus qu'elle ne se
joue de lui.

M. DE VERVILLE.

Tu dois donc bien l'aimer, Marguerite ?

MARGUERITE.

Ah, Monseigneur, si je l'aime !
Eh, que serois-je devenue sans ses
consolations ? Je me crois toujours
à mon aise, en lui voyant un air
si serein. Je ne puis me persuader
qu'il me manque jamais quelque
chose, tant que le Ciel voudra me
le conserver. Il est tout pour moi
sur la terre.

D 3

SCENE XII.

M. DE VERVILLE, THIBAUT, MARGUERITE.

THIBAUT.

ALLONS, Monseigneur, réjouf-
fez-vous. Les deux plus belles têtes
de vaches qu'on puisse voir dans
tout le pays ! Oh, laissez-moi faire.
J'irai demain, j'irai moi-même au
marché. Dix bonnes piftoles de cha-
cune. Pas un fou de moins, quand
ce feroit pour un Prince. Vous pouvez tabler là-deffus. Encore deux
cens francs à rabattre de mon compte.
Nous allons le régler, s'il vous plaît.
Les dettes me pefent comme une
montagne. Il me tarde d'en être
débarraffé.

M. DE VERVILLE.

Je ne demande pas mieux, mon ami.

THIBAUT.

Vous favez ce qu'il me refte à vous payer du prix de ma ferme ?

M. DE VERVILLE (*le regardant d'un œil fixe*).

Oui, mais avant tout, dis-moi Thibaut, eft-ce bien férieufement que tu me proposes de prendre tes meubles, tes habits, ton bled, tes vaches, tout ce que tu poffedes ?

THIBAUT.

Je parle toujours férieufement, Monfeigneur, quand il s'agit d'af-faires.

M. DE VERVILLE.

As-tu fait mûrement tes réflexions? Songe qu'il y va de tout ton bien.

THIBAUT.

Mon bien? Il n'est plus à moi. Il est à vous. Ecoutez donc, Monseigneur. Vous êtes riche, & je ne le suis pas. Vous sentez à merveille que je n'irois pas faire envers vous le généreux, aux dépens de ma famille. Je ne vous remets que ce qui vous appartient. Soyez tranquille : je ne vous l'offrirois pas, si je croyois pouvoir le garder en conscience. Vraiment oui, il me siéroit bien de vous faire des cadeaux! Vous vous moqueriez de moi. Il n'y a qu'un mot en tout ceci. Je ne puis vous payer ma dette en argent comptant : je vous paie avec tout ce que j'ai, fans préjudice de ce que je vous devrai encore ; & je vous le paierai, oh oui, je vous le paierai. Vous ferez en ligne d'abord après les premières néceffités de la vie.

M. DE VERVILLE (*d'un air froid*).

A la bonne heure ; mais il feroit affreux de te dépouiller entièrement. Choifis parmi tous ces effets ceux que tu aimes les mieux. Je me flatte que tu ne refuferas pas un petit préfent d'amitié de ma part.

THIBAUT.

Quand vous me parlez ainsi, j'aurois mauvaise grace de ne pas profiter de vos bontés. (*Il s'approche de la table, & prend une béche & un rateau*). Tenez, voici ce que je retiens, les instrumens de mon métier. Avec ces outils & du courage, on trouve toujours à se tirer d'embarras.

M. DE VERVILLE.

Quoi, tu ne prends rien de plus?

THIBAUT.

Non, Monseigneur, c'en est assez. Que le Ciel seulement me seconde, je ne désespere pas de nourrir avec honneur ma femme & mes

enfans, & de ramasser encore peu-
à-peu de quoi vous satisfaire.

M. DE VERVILLE.

Fort bien. A toi maintenant,
Marguerite. Je ne veux pas faire
de jaloux. Il faut que tu prennes
quelque chose comme ton mari.
Choisis ce que tu voudras.

MARGUERITE.

Moi aussi, Monseigneur ? Vous
avez trop de bonté.

M. DE VERVILLE.

Point de complimens. Allons,
que choisis-tu ?

MARGUERITE.

Puisque vous voulez me donner
quelque chose de votre bien, (*elle*
court vers le fond de la chambre,

& soulevant le rideau), je vous le demande en grace, accordez - moi le berceau de mon nourrisson.

M. DE VERVILLE (*avec surprise*).

Comment ! est ce qu'il étoit compris dans ce que tu me cédes ? Quoi, tu aurois privé ton enfant de son berceau ?

MARGUERITTE (*en se raprochant*).

Ne l'auroit - il pas toujours retrouvé dans mes bras ?

M. DE VERVILLE.

Et tu crois que je l'aurois accepté ?

THIBAUT.

Je vous l'ai déjà dit, Monseigneur, les enfans doivent payer pour leurs peres. Quand les uns souffrent, de quel droit les autres se refuseroient-ils à souffrir ? Il n'eſt rien que je ne ſois prêt à faire pour mes enfans ; mais il n'eſt rien auſſi que je n'en attende à mon tour. Mon ſang eſt à eux, comme leur ſang eſt à moi.

M. DE VERVILLE.

(*A part*). Quel homme ! comme il eſt inébranlable dans ſes principes ! (*Haut*). Oh bien, mes amis, ce que vous avez retenu, je vous l'abandonne. Me cédez-vous maintenant ce qui reſte, vos meubles, vos habits, vos grains, & votre nouveau bétail ? Me le tranſportez-vous en toute propriété ?

THIBAUT (*d'un ton ferme*).

Oui, Monſeigneur.

E

MARGUERITE.

Et sans aucun regret.

THIBAUT.

Ah, plutôt avec une grande joie.

MARGUERITE.

(*Tirant la bourse de sa poche,
& l'offrant à M. de Verville.*).

Recevez aussi tout l'argent que
nous possédons.

(*M. de Verville la prend, & la
jette sur la table*).

THIBAUT.

Vous ne comptez pas? Il y a
cent écus.

M. DE VERVILLE.

Je t'en crois bien sur ta parole.
Ainsi, vous me rendez maître ab-

folu de tout, & vous confentez à ce que j'en faffe tel ufage qu'il me plaîra, fans que vous puiffiez, en aucune manière, vous y oppofer?

THIBAUT.

Puifque c'eft à préfent votre bien, nous n'y avons pas plus de droit qu'à votre ferme. Il feroit beau vraiment que nous nous donnaffions les airs de vous contrarier.

M. DE VERVILLE.

Songe bien à quoi tu t'engages. Mon deffein n'eft pas de te con-traindre à cet arrangement; mais s'il eft une foi terminé......

THIBAUT.

Oh, ne craignez pas de me voir revenir contre ma parole. Non,

E 2

Monseigneur, nous sommes déjà trop sensibles à votre grace, puisque vous daignez nous accorder du tems ! Disposez de tout ceci comme vous le jugerez à propos. Nous nous contenterons de prier le Ciel que tout prospère entre vos mains.

M. DE VERVILLE.

Voilà qui est dit. En ce cas, je reconnois, à mon tour, que je n'ai plus rien à prétendre, étant pleinement satisfait, moyennant les effets que vous m'avez remis, de tout ce que vous pouviez me devoir.

THIBAUT (*avec vivacité*).

Mais non, Monseigneur, vous auriez trop à perdre. Cela n'en vaut pas seulement la moitié. Comment donc, ces guenilles quinze cens écus ?

M. DE VERVILLE.

Mais s'il me plaît à moi de les prendre fur ce taux, n'en fuis-je pas le maître ?

THIBAUT.

Je n'ai rien à vous dire. Cependant il feroit mieux de les faire eftimer, pour favoir au jufte.....

M. DE VERVILLE.

Va, mon ami, elles ont à mes yeux une valeur que perfonne au monde ne fauroit apprécier. C'eft le fruit du travail & de l'économie d'une honnête famille. Quand je fonge aux fueurs qu'elles vous ont coûté, je leur trouve un prix bien capable de me fatifaire. Vous voilà quittes envers moi , mes enfans.

THIBAUT.

(Otant fon chapeau , & baifant avec tranfport le pan de l'habit de M. de Verville).

Quoi Monfeigneur ! .... (*Il fe retourne , faute au cou de Margue-rite , & l'embraffe.* Le Ciel foit loué , ma femme , nous n'avons plus de dettes.

MARGUERITTE.

Bonté divine ! comment recon-noître tant de générofité !

THIBAUT (*lui ferrant la main*).

Avec notre cœur , Marguérite ; & nous fommes en fonds pour y ré-pondre. (*Il s'avance vers M.*

Verville). Si vous vouliez maintenant me dire où nous porterons tout ceci, & quand il vous plaira recevoir les clefs de la ferme?

M. DE VERVILLE.

Je vais te l'apprendre, pourvu que tu te gardes de m'interrompre. (*Il leur prend la main à l'un & à l'autre, & leur dit avec un mouvement de joie*): Mes amis, je suis riche, et mes parens m'ont inſtruit dès l'enfance à faire du bien aux honnêtes gens ; mais jamais je n'en ai goûté ſi vivement la douceur qu'aujourd'hui. Mon brave Thibaut, (*il lui ſerre la main*) ta conduite m'a pénétré d'attachement & d'admiration. Tout ce que tu viens de me donner pour t'acquitter envers moi de ta dette, je te le donne à mon tour, pour m'acquitter d'un devoir que m'impose ton malheur & ta probité MARGUERITE (*levant les yeux au Ciel*).

Quoi ! je n'aurois plus à craindre la misere pour mes enfans ! O notre digne & bon Seigneur ! (*Elle baise sa main avec vivacité*).

THIBAUT (*stupéfait*).

Je n'ose en croire ce que je viens d'entendre. Non, Monseigneur, il n'est pas possible. Et quand ces paroles vous seroient échappées dans un premier mouvement de bonté, moi, j'aurois l'indignité de m'en prévaloir ! Non, non, je ne souffrirai pas. . . . .

M. DE VERVILLE (*avec un sourire*).

Doucement, Thibaut. Tu viens de convenir tout-à-l'heure que j'étois maître abfolu de ton bien, parfaitement libre d'en difpofer à ma fantaifie ; & maintenant tu voudrois me priver de mes droits ?

THIBAUT) *fe jettant à fes genoux, qu'il embraffe*).

Ah, Monfeigneur, vous m'avez attrapé ; mais le moyen de m'en plaindre ! Quoi, je recevrois du Prince le pain qu'il me donneroit pour mes enfans, & je ne le recevrois pas de vous, qui êtes bien plus pour moi ; vous, mon ange tutélaire ! Oui, je me rendrai digne de vos dons, en les recevant comme vous me les offrez, avec une âme pleine de fentiment & de joie. Mais donnez-moi donc auffi des paroles pour vous remercier. (*En verfant un torrent de larmes*). Je crains de ne pas vous paroître affez re-connoiffant de vos graces.

M. DE VERVILLE (*en le relevant*).

Raffure toi, Thibaut, je vois ce qui fe paffe au fond de ton cœur, peut-être encore mieux que toi-même, & j'en fuis fatisfait. Marguerite, appelle tes enfans. Je fais avec quelle tendreffe ils vous aiment; je veux qu'ils voient auffi que je fais vous aimer.

MARGUERITE (*s'élançant vers la porte*).

Jeannette, Louifon, venez, accourez de toutes vos jambes. M'entendez-vous ?

JEANNETTE & LOUISON, (*du dehors*).

Nous voici, nous voici, ma mère.

SCENE XIII.

M. DEVERVILLE, THIBAUT, MARGUERITE, JEANNETTE, LOUISON.

MARGUERITE.

TENEZ, mes chères filles, regardez bien. Tout ce que vous voyez là, vous savez que nous l'avions donné à Monseigneur ? Eh bien, Monseigneur nous l'a rendu. Il ne veut ni de notre argent, ni de notre bled, ni de nos vaches. Il nous donne quittance pour rien de notre dette entiere.

L O U I S O N.

(*Allant chercher le chapeau, & le présentant à M. de Verville*).

Vous ne voulez donc pas de notre argent non plus ?

M. DE VERVILLE.

Non, mes chères amies. L'ardeur que vous avez montrée à secourir vos parens, m'a appris combien vous méritez les uns & les autres qu'on vous soulage dans vos peines. Reprenez donc ce que vous m'avez donné pour eux ; mais faites-en l'usage que vous avoit d'abord inspiré votre tendresse. Par exemple,

exemple, Leuison, puisque ton pere a perdu son troupeau, ne serois-tu pas bien-aise d'employer tes épargnes à lui en acheter un autre ?

LOUISON (*d'un air triste*)

Hélas! il s'en faut que j'aie assez pour cela.

M. DE VERVILLE.

Mais si en tu avois assez, serois-tu bien contente de lui faire ce présent?

LOUISON.

Ah, Monseigneur, comme je serois joyeuse !

M. DE VERVILLE.

Je suis curieux de voir la mine que tu aurois, ainsi que Jeannete. Thibaut, comme tu t'y connois un peu mieux que tes filles, je te charge d'aller demain pour elles au

marché, & de leur acheter à cha-
cune six jeunes vaches, les plus belles que tu pourras découvrir. Tu en
trouveras l'argent tout prêt chez
moi. C'est un petit cadeau que je
fais à tes enfans, pour qu'ils aient
le plaisir de te le faire à leur tour.

MARGUERITE.

Eh, Monseigneur ; ne vous las-
serez-vous point de nous accabler
de vos bienfaits ? Remerciez-le donc
avec moi mes enfans.

*(Marguerite, Jeannette, & Loui-
son tombent aux genoux de M. de
Verville, les ambrassent & baisent
ses mains ; en pleurant de joie ; tandis que Thibaut immobile & muet
le considere dans une profonde surprise.)*

M. DE VERVILLE.

(Détournant la tête pour cacher ses larmes.)

Releve-toi donc , Marguerite , relevez-vous , mes cheres amies.

THIBAUT.

Monseigneur , je savois bien que vous étiez un homme , un digne homme , mais je ne vous connoissois pas encore; & je ne sais plus comment vous traiter. (*A Marguerite.*) O ma bonne femme , si nous pouvions rassembler dans un mot , en un seul mot, tout ce que nous dit notre cœur ! (*Se tournant avec vivacité vers M. de Verville.*) Monseigneur, je prierai jour & nuit le Ciel, non pas pour vous, car une de vos actions vaut mille de mes prieres ; mais pour qu'il paroisse de tems-en-tems sur la terre des hommes tels que vous l'êtes, afin d'empêcher les malheureux de se désepérer.

(*Il va prendre Jeannette & Louison, & les mene devant une fenêtre.*)

Mes enfans, voyez - vous cette colline du haut de laquelle on apperçoit la ville où demeure notre bienfaiteur ? Nous y montons tous les Dimanches en allant à l'église. Eh bien, nous n'y monterons plus sans chercher des yeux le quartier qu'il habite, sans y envoyer sur lui nos bénédictions, sans prier le Ciel pour lui, pour sa femme, pour tout ce qui le touche, avant d'aller prier pour nous-mêmes. Vous en souviendrez-vous ?

JEANNETTE.

Ah, mon pere, fi jamais je l'ou-
blie !....

LOUISON.

Nous commencerons en partant
de la Maifon.

THIBAUT.

Oui, Monfeigneur, chaque jour,
chaque minute, aux champs; dans
notre cabane, par - tout où nous
ferons, nous vous donnerons nos
premieres penfées. Nous ne fenti-
rons pas un feul inftant la vie, sans
fonger que c'eft par vous que nous
en jouiffons, fans être prêts à l'of-
frir à Dieu pour la moindre de vos
profpérités. Vous pourrez, quand
il vous plaira, nous demander notre
fang. Il eft à vous. Ah ! que ne puis-

je, en ce moment, verser tout le mien dans vos veines, pour vous donner une double vie!

M. DE VERVILLE.

Sois heureux, Thibaut, fais le bonheur de ta femme, éleve toujours tes enfans à penser comme toi. Je viendrai quelquefois jouir de ce spectacle; & je suis sûr de m'en porter mieux. Mais voici nos affaires terminées; fais-tu bien que je vais te demander à dîner!

THIBAUT (*lui tendant joyeusement la main*).

Ah, tant mieux, tant mieux, nouvelle fête.

MARGUERITE (*d'un air plein d'embarras & de confusion.*)

Mais, mon cher homme, que

préſenterons-nous à Monſeigneur?

THIBAUT (*d'un air libre.*)

Le peu que nous avons, ma femme. Je le connois. Un morceau de pain ſec lui fera plus de plaiſir, que s'il avoit trouvé chez nous un grand rôti ſans l'attendre.

MARGUERITE.

Mais, cependant.....

M. DE VERVILLE (*avec un ſourire.*)

Ne ſois pas inquiete, Marguerite. (*En lui montrant la corbeille que Champagne & Picard ont appor-tée.*) Tu trouveras là-dedans de quoi nous régaler. Mais allons tous enſemble faire un tour de jardin. Nous avons beſoin , les uns autant que les autres, de prendre un peu l'air pour nous remettre.

(Il sort en prenant Jeannette & Louison par la main. Thibaut & Marguerite le suivent en levant les yeux au Ciel, & baisant les pans de son habit.

(Le rideau se baisse.)

Fin du quatrième Acte.

ACTE V.

Le rideau se releve. On voit au milieu de la chambre une grande table fort proprement dressée, avec une nappe blanche & quelques couverts, à coté, sur le devant de la scene, est la corbeille que les gens de M. de Verville ont apportée. Marguerite vient de l'ouvrir.

MARGUERITE.

(Tirant de la corbeille une grosse piece de viande froide, & la portant sur la table, tandis qui les enfans debout, dans une contenance joyeuse, autour de la corbeille, la parcourent d'un œil avide, en passant la langue sur les levres.)

Voila ce qui s'appelle un morceau de Prince ! On voit bien que Monseigneur n'y a rien épargné.

LOUISON (*à Jeannette*).

Tiens donc, ma sœur, regarde. C'est comme une galette bossue. Cela sera bon, je crois.

JEANNETTE (*à Marguerite, tandis qu'elle porte le pâté sur la table*).

Sais-tu ce qu'il y a dedans, ma mere?

MARGUERITE.

Non, ma fille. Les gens de la ville ont tant de choses que l'on ne connoît pas à la campagne!

LOUISON.

Ce doit être un brave homme, ce Monseigneur, de nous rendre tout notre bien, de nous donner des vaches, & de nous apporter encore des friandises! Jeannette, il faudra faire couver nos œufs, & lui porter les poulets.

JEANNETTE.

Ah, qu'il me tarde ! Je voudrois qu'ils fuſſent déjà gros & gras. Je ne fais ce que je ferois pour lui, tant je l'aime !

LOUISON.

Je vais lui cueillir un joli bouquet de mes plus belles fleurs.

MARGUERITE.

C'eſt bien. Et toi Jeannette, il faut t'occuper un peu du ménage. Va couper proprement du pain, & tu nous l'apporteras. Je veux que Monſeigneur voie que tue t'entends un peu à conduire une maiſon.

JEANNETTE.

Oui, ma mere. (*Elle sort avec Louison*).

SCENE II.

MARGUERITE.

(*Ferme la corbeille, la pousse dans un coin, & revient vers la table*).

Voyons, rien ne manque, je crois. Les serviettes, les couverts. Avançons à présent des sieges (*Elle met des chaises autour de la table*). Voilà qui est tout prêt. Monseigneur peut à présent venir quand il lui plaira.

SCENE III.

L'AMI

DE

L'ADOLESCENCE,

Par M. BERQUIN.

TOME 7e. 11e. partie.

M. DE VERVILLE, THIBAUT, MARGUERITE.

THIBAUT.

(Jettant un regard étonné sur la table, & frappant dans ses deux mains).

COMMENT donc, Monseigneur ! y pensez-vous ? Est-ce que vous nous prenez pour des Rois ? Une piéce de viande superbe, & encore (*en montrant le pâté*) de si belles choses ! Je ne sais pas ce que c'est ; mais cela me paroît bien appétissant.

M. DE VERVILLE.

C'est un pâté que Mde. de Verville vous envoie.

Tom. 7e. *Adolescence.* G

MARGUERITE.

Est-il possible qu'elle ait songé
à nous ? . .

THIBAUT.

Oh oui, je le crois. Elle m'a si
bien traité ce matin ! Je parierois
qu'après ma femme, c'est la meilleure qu'il y ait au monde. Allons,
Marguerite, vienne le mois de Jan-
vier, & nous prendrons notre re-
vanche. Vous la voyez, Monseigneur ? Je vous défie de trouver sa
pareillepour s'éscrimer sur un rouet.

En lui frappant sur l'épaule.) Je
veux que cet hiver, dans nos veil-
lées, elle file pour vous & pour
Madame une si belle piéce de toile,
que vous n'aurez jamais eu de si

beau linge dans toute votre vie, je vous en réponds.

MARGUERITE.

Oh, quel plaisir ! Je n'y perdrai pas un moment.

M. DE VERVILLE.

Je vous remercie, mes amis ; mais cela n'est pas nécessaire. Marguerite a bien assez de ses enfans pour s'occuper ; & ce seroit....

THIBAUT. (*l'interrompant.*).

N'en parlons plus. Nous vous avons tantôt laissé faire à votre fantaisie, il faut bien qu'une fois vous nous laissiez faire à la nôtre. Voudriez - vous nous empêcher d'être reconnoissans ? Ce seroit nous ravir toute la joie de notre vie

G 2

& vous êtes trop bon pour cela
Allons, à table. (*Il prend un fiege
& s'affied.*) Voilà votre place, Monfeigneur. Viens t'affeoir auffi , Marguerite.

M. DE VERVILLE (*en s'affeyant*).

Eft-ce que tu n'attends pas tes
enfans ? Il faut qu'ils prennent place
avec nous. Je veux avoir la fatif-
faction de manger avec la plus brave
famille que je connoiffe.

THIBAUT.

Nous ne ferons pas en refte,
Monfeigneur, & nous pourrons auffi
dire que nous avons eu à notre table
l'homme de la terre le plus com-
patiffant, & le plus généreux; ce
qui vaut mieux encore que de man-

ger avec des Rois qui ne le seroient pas. (*A Marguerite.*) Est-ce que Valentin n'est pas encore revenu des champs ?

MARGUERITE.

Non, mon ami, ni George non plus.

THIBAUT.

Et nos filles, à quoi s'amusent-elles, au lieu de venir ?

MARGUERITE.

Tu vas voir que ce n'est pas à baguenauder. Tiens, voici d'abord Jeannette.

SCENE IV.

M. DE VERVILLE THIBAUT, MARGUERITE, JEANNETTE.

(Jeannette porte un plateau de bois couvert de morceaux de pain en tas).

THIBAUT.

AH, du pain ! C'est bon. Viens ici, mon enfant. (*Il prend avec les doigts deux morceaux de pain, & en jette un à M. de Verville, un autre à Marguerite.* (Prenez, Monseigneur. Quoique ce ne soit que du pain de fermier il a bon goût, pourtant. Vous en avez de plus léger à la ville ; mais celui ci vaut mieux pour nous fortifier dans nos travaux. Par bonheur il est encore tout frais. Mais quoi , Marguerite ! tu as oublié quelque chose d'essentiel. (*Il sourit en lui pressant la main.*) Ce n'est pas ta faute, ma chere femme. Dans un jour comme celui-ci, la joie nous saisit tellement le cœur , qu'on ne s'avise pas de songer à tout.

MARGUERITE. (*parcourant des yeux la table*).

Quelque chose d'oublié ? Qu'est-ce donc ?

THIBAUT.

Du vin , notre ménagere. Est-ce que nous ferions faire un repas sec à Monseigneur ? cela seroit joli.

MARGUERITE.

Où avois-je donc la tête ? Je l'ai mis au frais.

JEANNETTE.

Je vais le chercher, moi.

(Elle sort).

THIBAUT.

Cours vîte. Monseigneur, il gratte un peu le gosier, mais il est franc.

MARGUERITTE.

Que veux tu dire ? Est-ce que Monseigneur n'en a pas apporté.

M. DE VERVILLE.

Oui, mon ami. Je t'avoue que je le crois un peu meilleur que le tien.

Thibaut.

Vous avez aussi porté du vin ? Comment, Monseigueur, n'étoit-ce pas déjà assez ? Cela passe par dessus la mesure. Porter encore du vin pour nous !

M. de Verville.

Oh, ce n'est pas pour vous seulement. Je prétens bien en boire ma part. Ce jour est pour nous tous un jour de plaisir ; & le bon vin s'accorde à merveille avec la joie.

Thibaut.

Il est vrai, j'en avois toujours autrefois d'excellent en reserve du vivant de mon père. Lorsqu'il m'arrivoit de faire quelques bonnes affaires à la ville, ma première penfée étoit d'aller acheter une demi douzaine de bouteilles du meilleur qui pût fe trouver. Le prix ne me faifoit rien. Je me gardois bien de le boire ; je le donnois à ma femme pour les jours où mon pere venoit nous rendre vifite ; & alors je le régalois comme il faut. T'en fouviens-tu, Marguerite, comme le bon vieillard étoit joyeux? Mes enfans, nous difoit-il, ce vin me fortifie & me réjouit ; mais votre amour qui vous fait ôter les chofes de la bouche pour moi, me fortifie, & me réjouit bien davantage. Il en étoit quelque fois fi touché que les larmes lui couloient des joues dans fon verre. Je ne puis vous dire combien

combien le vin me paroissoit bon, lorsque mon pere le buvoit à mon côté.

(*Jeannette rentre, portant deux bouteilles*).

M. DE VERVILLE.

J'espere que tu ne trouveras pas celui-ci mauvais non plus.

THIBAUT.

Ah, Monseigneur, il suffiroit de votre bonté qui nous le donne, pour nous le faire trouver excellent.

H

SCENE V.

M. DE VERVILLE, THIBAUT. MARGUERITE, JEAN-NETTE, LOUISON.

LOUISON.

(Portant un bouquet énorme de rosès, de chevrefeuille & de jasmin, s'avance vers M. de Verville, lui fait une révérence, & lui dit) :

MONSEIGNEUR voudroit-il me permettre de le mettre à sa boutonnière ?

M. DE VERVILLE.

Grand-merci, ma chère Louison : *(il l'embrasse)* mais il est aussi gros que toi. Je parie que tu n'en auras pas laiffé pour tes parens. Allons, je vais partager. Je n'ai rien à moi feul aujourd'hui. Tiens Marguerite, tiens Thibaut, tiens Jeannette, tiens Louifon. (*Il leur diftribue des fleurs*).

T H I B A U T.

Ce fera donc comme un jour de noces, chacun fon bouquet.

J E A N N E T T E.

On prendroit Monfeigneur pour la mariée. Il donne le repas et les fleurs.

T H I B A U T.

Fort bien, voilà ma Jeannette en pointe de gaité.

M. DE VERVILLE.

Cette petite faillie lui vaudra un

H 2

trouffeau pour le jour de fon ma-
riage.

Т Н І В А U Т.

Oui-dà, Monfeigneur, il n'y
auroit qu'à vous laiffer faire, &
refter les bras croifés. Son trouffeau, il faut qu'elle le gagne elle-
même.

L о u і s о N.

Mon pere, & fi j'ai plutôt gagné
le mien ?

Т Н І В А U Т.

Voyez-moi cette petite fille ! il
vous fied bien d'avoir de ces chofes
en tête. Allons, allons, il ne faut
fonger qu'à dîner. De la joie, de la
joie !

M. de Verville.

Je veux attendre que tes garçons

foyent de retour. Je ne dînerai point
que je n'aye tout mon troupeau raf-
femblé autour de moi.

M A R G U E R I T E.

Quel dommage, Monfeigneur,
que vous n'ayez point d'enfans! Vous
paroiffez tant les aimer!

M. DE VERVILLE.

Ah, Marguerite, quelle plaie
tu rouvres dans mon cœur ! le Ciel
m'avoit donné un fils......

M A R G U E R I T E.

Un fils unique ? & il eft mort ?
c'eft bien cruel !

M. DE VERVILLE.

S'il eft mort, je l'ignore ; mais
il n'en eft pas moins perdu pour
moi.

Thibaut.

C'est qu'il est peut-être dans une terre étrangere, & que vous ne recevez pas de ses nonvelles.

(*Voyant des larmes prêtes à couler des yeux de M. de Verville, il prend ſa main & la ſerre*).

Ne vous affligez pas, mon bon Seigneur, je vous en prie. S'il vit encore, vous le reverrez ſûrement. Quoi, vous ſoulageriez les peines des malheureux , & vous ſeriez malheureux vous même ! Non, non, le Ciel eſt trop juſte. Voyez comme il me traite pour n'avoir fait que mon devoir; & vous qui allez ſi loin par-delà, il vous abandonneroit ! Cela n'eſt pas poſſible. Allons, égayez-vous un peu. Gardons-nous de rien perdre de ce grand jour de plaisir.

M. DE VERVILLE, (*essuyant ses yeux*).

Oui, mon cher Thibaut, je me reprocherois d'empoisonner ta joie.

THIBAUT.

Vous me le devez : ce seroit gâter votre ouvrage. Mais pourquoi mes fils font-ils si lents à rentrer aujourd'hui ? (*Il se leve de table & va re- garder par la fenêtre*). Je vais voir s'ils viennent. Bon, je vois George qui s'avance.) *Il lui fait signe de la main de se hâter*).

MARGUERITE.

Quoi ! George tout seul ? Est-ce

qu'il n'amene pas Valentin? Il doit favoir que c'eft l'heure du dîner. Mille pardons, Monfeigneur, de vous faire attendre.

M. DE VERVILLE.

Nous aurons le tems, Marguerite, je ne m'ennuie pas dans une fi douce compagnie. Une heure plutôt, une heure plus tard, cela ne me dérange point. Les jours font longs; & pourvu que j'arrive à la ville avant la nuit, ma femme ne fera pas inquiete.

MARGUERITE.

Voici George, toujours.

SCÈNE VI.

M. DE VERVILLE, THIBAUT, MARGUERITE, JEAN-NETTE, LOUISON, GEORGE.

(George ôte son chapeau & s'incline en voyant M. de Verville).

Thibaut, *(courant le prendre par la main).*

VIENS, mon fils, regarde ce digne homme. Après le Ciel & tes parens, c'est à lui que tu dois avoir pour la vie les plus grandes obligations. Considere le bien. C'est notre bon Seigneur, à qui nous dèvions donner tout ce que nous possédons sur la terre, & qui nous l'a rendu.

MARGUERITE.

Et qui donne de plus à tes sœurs un joli troupeau. Auſſi long-tems que tu vivras, mon fils, il faut que tu le béniſſes chaque jour dans ton cœur. Nous t'en donnerons l'exemple pendant notre vie; tu le ſuivras après notre mort, n'eſt-ce pas? Me le promets-tu?

GEORGE.

Comment pourrois-je y manquer puiſqu'il a tant de bonté pour nous? Mais mon pere diſoit hier que nous allions quitter la ferme: eſt-ce que nous y reſtons?

THIBAUT.

Oui, mon enfant, toujours, tou-

jours. J'espere bien y voir naître
mes arriere petits-fils.

GEORGE (*dans un transport de joie,
courant vers Marguerite*).

O ma mere ! c'est pour vous que
j'en suis le plus joyeux. Je puis
maintenant vous le dire. Toute
cette nuit vous m'avez fait pleurer
de chagrin.

M. DE VERVILLE.

Et pourquoi donc, mon ami?

GEORGE (*prenant M. de Verville
par la main, & le conduisant vers
la fenêtre*).

Venez, Monseigneur, je vais
vous l'apprendre. Voyez-vous là bas
près de la haie, ce vieux pommier
presque sans feuilles? Ma mere

difoit ce printems, qu'elle étoit bien
chagrine de ce que la gelée l'avoit
fi fort maltraité, parce qu'elle n'a-
voit mangé de fi bonnes pommes
de fa vie, & que l'arbre étoit en
danger de périr. Le lendemain,
avant qu'elle fe fut levée, j'allai
avec mon frere choifir fur ce
pommier les bourgeons les plus vi-
goureux, pour les enter fur d'autres
arbres qui font dans le verger, afin
que celui-ci venant à fe perdre, ma
mere eût toujours de fes bonnes
pommes. Si nous avions quitté la
ferme, c'étoit bien trifte, un autre
y feroit venu, qui, avec le tems,
auroit mangé le fruit de nos entes.

M. DE VERVILLE.

Rien n'étoit plus facile que de les
enlever

enlever en partant. Personne n'auroit profité de ton travail.

G E O R G E.

Pourquoi l'aurois-je fait ? je n'y trouvois aucun profit. Et quand j'y en aurois trouvé, je sais trop bien qu'on ne doit pas chercher à faire son avantage au préjudice de ses semblables. Au contraire j'aurois desiré qu'ils eussent cueilli de bon fruit sur nos arbres.

M. de V E R V I L L E.

Mais tu disois tout à l'heure que c'étoit bien triste qu'une autre eût mangé le fruit de vos entes ?

G E O R G E.

Sûrement, c'étoit triste pour moi que ma mere en fût privée, car

I

quoique je fouhaite de bonnes pommes aux autres, je les fouhaite bien
plus à ma mere.

M. DE VERVILLE, (*lui ferrant*
la main).

Tu es un brave garçon, (*voyant*
que Marguerite meurt d'envie d'em-
braffer fon fils , mais qu'elle fe con-
tient par refpeƈt) tiens, Marguerite,
je te le livre. (*Pendant qu'elle l'em-*
braffe). Mon cher Thibaut, je fuis
de plus en plus émerveillé de tes
enfans. C'eft entre vous un combat
à qui s'aimera d'avantage.

THIBAUT.

Eh , Monfeigneur, il n'eft dans
les familles que de vivre de bonne
amitié. Quand je poffédois mon

pere & ma mere, je rêvois aufli le jour & la nuit comment je pourrois leur faire le plus de plaifir. Je les aurois portés fur mes bras pendant leur vieilleffe. J'en fuis richement payé. Je vois par expérience que tout ce que vous faites pour vos parens, vos enfans le font pour vous.

MARGUERITE, (*à George*).
Mais où eft donc Valentin ? d'où vient qu'il n'eft pas avec toi ?

GEORGE.
Il ne viendra pas dîner.

THIBAUT.
Et pourquoi donc ?

GEORGE.
C'eft qu'il s'eft mis dans la tête

I 2

de finir fon défrichement avant la nuit. Je l'ai preffé de me fuivre en lui promettant de l'aider de toutes mes forces cet après midi. Il n'a pas voulu m'entendre. J'ai du pain de refte, m'a t-il dit, en me montrant la moitié de fon déjeûner. Je ferai mon dîner avec cela.

THIBAUT, (*avec émotion*).

Le brave enfant ! parce que je ne fuis pas allé aux champs ce matin, il fe charge de ma befogne. Il nous a vu la tête prête à fe courber fous la mifere, & il veut nous la redreffer par fon économie & par fon travail. George, va le retrouver, je t'en prie. Dis lui que nous lui commandons de venir, & que nous ne

mangerons pas qu'il ne soit à table.
(*En se tournant vers M. de Verville*).
Ah ! Monseigneur, si vous le con-
noissiez, vous l'aimeriez comme
nous de tout votre cœur.

JEANNETTE.

Mon pere, veux tu que j'aille
le chercher avec ma sœur &
George ?

LOUISON.

Je me charge de le faire bientôt
venir, moi.

THIBAUT.

A la bonne heure ; mais ne vous
amusez pas en chemin.

LOUISON.

Va, ne crains rien, nous revien-
drons en courant.

I 2

SCENE VII.

M. DE VERVILLE, THIBAUT, MARGUERITE.

M. DE VERVILLE.

Je ne puis te peindre, Thibaut, toutes les émotions que j'éprouve en ce jour. Je vois que les enfans font la plus douce faveur du Ciel.

THIBAUT.

Lorsqu'ils font comme les nôtres, c'est alors une bénédiction ; & les parens possedent en eux une richesse qu'on ne peut apprécier. O Monseigneur, vous ne sauriez croire combien les peines de la vie deviennent plus légeres, lorsque nos enfans nous aident à les supporter. (*En frappant sur l'épaule de M. de Verville*) Prenez seulement bon courage. En quelque lieu que soit votre fils, je crois fermement qu'il rendra vos vieux jours les plus joyeux de votre vie.

M. DE VERVILLE.

Ah! s'il vivoit encore, s'il étoit d'un aussi excellent naturel que les tiens! Mais de quelle vaine espérance vais-je me flatter? Non, je n'ai plus de fils pour me soutenir un jour dans mon dernier âge. Heureux Thibaut! tu peux vieillir, tu goûteras la douceur de te voir revivre dans les cinq enfans auxq els tu as donné le jour.

Thibaut.

Cinq, dites vous, Monseigneur ?
Non, s'il vous plaît, quatre seulement, (*il compte sur ses doigts*) ce
petit marmot qui repose là derrière
le rideau, Louison, George, &
Jeannette. Voilà tous ceux qui sont
à moi.

M. de Verville.

Et celui qui est aux champs ?

Thibaut.

Il n'est pas notre fils, quoique je
l'aime autant que s'il l'étoit, & que
j'aie fait pour lui tout ce qu'on peut
faire pour les siens. Il en est bien
digne aussi, ce brave garçon ! il
nous chérit, comme s'il nous devoit
la naissance, & il travaille pour le

ménage, comme s'il étoit l'aîné de ma petite famille.

M. DE VERVILLE.

Et quelle est donc la siennne?

THIBAUT.

Nous le savons aussi peu que lui : nous l'avons sauvé de la mort dans son berceau. Ma femme l'a nourri de son lait, & il a toujours vécu avec nous. Au reste il ne doit-pas être d'une naissance commune. Il avoit à son cou un hochet garni d'or & de pierreries; & son linge étoit de la plus grande beauté.

M. DE VERVILLE.

Vous l'avez sauvé de la mort ; vous ignorez sa famille; & il n'est pas d'une naissance commune ! Ah mon cher Thibaut, hâte-toi de m'apprendre comment il est tombé entre vos mains.

MARGUERITE.

C'est une bien cruelle histoire.

THIBAUT.

Nous demeurions alors en Normandie. Je faisois valoir une petite ferme sur le bord d'une rivière. La situation étoit fort bonne; & la terre rendoit bien, quoiqu'il n'y eût pas grand - merci à dire à ceux qui l'avoient tenue avant nous.

M. DE VERVILLE.

Passe, je t'en conjure, sur toutes ces circonstances, & raconte moi seulement ce qui regarde Valentin.

Il n'eſt que cela dont je ſois curieux.

THIBAUT.

Eh bien, Monſeigneur, pour en
venir là tout de ſuite, vous ſaurez
qu'une nuit nous fûmes réveillés par
les eaux, qui étoient entrées de
tous côtés dans notre maiſon. Nous
eûmes à peine le tems de monter
ſur le toit pour y attendre du ſe-
cours. Le matin on vint nous
chercher dans un bateau. Tout le
pays étoit inondé. On voyoit la
rivière couverte de débris de mai-
ſons & de meubles, emportés par la
violence du courant. J'étois occupé
à conſoler ma femme qui ſe lamen-
toit de la perte de notre cabane,
& plus encore de celle de ſon fils,

que les ondes avoient étouffé avant notre réveil. Tout-à-coup j'apperçois un berceau baloté par les vagues qui l'entraînoient, & qui menaçoient à chaque instant de l'engloutir. Je ne pus tenir à cette vue. Je quittai mes habits, & sans regarder au péril, je me jettai dans la riviere en nageant de toutes mes forces vers le berceau. Je fus plusieurs fois repoussé, j'étois épuisé de fatigue; mais les cris de l'enfant que j'entendois en m'approchant de lui, me donnoient du courage & de la vigueur. Enfin après bien des dangers, je parvins à l'atteindre, & je le conduisis assez loin de là sur le bord. Ma femme m'avoit suivi en se traînant plus morte que

vive

vive le long du rivage. Je lui pré-
fentai la petite créature qui ne ceffa
de crier, que lorfqu'elle fût atta-
chée à fon fein. La pauvre Marguerite crut retrouver dans cet enfant
celui qu'elle venoit de perdre. Nous
fîmes alors toutes les recherches
poffibles pour découvrir les parens,
mais fans pouvoir y parvenir. Nous
n'en avons pas été plus affligés : nous
avons continué de le regarder
comme notre fils. Je lui ai raconté
cent fois fon aventure: il n'y a que
mes autres enfans à qui je l'aie ca-
chée, pour leur laiffer le plaifir de
le croire leur frere, & qu'il n'y eût
pas de jaloufie dans la maifon. Je
l'ai fait inftruire comme les autres.
Il laboure auffi bien que moi-même,

il parle comme un beau livre, &
il fait lire & écrire peut-être mieux
que notre Magister.

M. DE VERVILLE.

Et combien y a-t-il de cet événement ?

THIBAUT.

A peu près quinze ans & quelques mois autant qu'il m'en fou-
vienne. Attendez-donc, je puis vous
le dire à la minute, car j'en fis dref-
fer dans le tems un écrit par le Juge
du lieu, figné du Curé, & attefté
par tous les payfans témoins de l'a-
venture. En quittant le pays, je n'ai
pas oublié de l'emporter avec moi :
vas le chercher, Marguerite.

MARGUERITE.

Il eft ici dans cette caffette avec

les hardes & les hochets que Valentin avoit alors. Nous les avons foi-
gneufement confervés ; & nous les
avons mis à part ce matin, parce
que fi vous aviez fait vendre nos
effets, il n'étoit pas jufte que ceux
de ce pauvre garçon y fuffent con-
fondus.

M. DE VERVILLE (*fe levant*).

Ah, Marguerite, ne me fais pas
languir, je brûle de les voir.

THIBAUT.

Aveins les donc, ma femme.

MARGUERITE.

(*Courant chercher le paquet dans la
caffette, le donne à Thibaut*).

Tiens mon ami.

K 2

Thibaut (*en l'ouvrant*).

Voyez-vous, Monseigneur?

M. de Verville.

(*Examine le hochet, puis la marque
du linge, & après avoir lu l'écrit,
il s'écrie*):

C'est lui! c'est lui! O grand Dieu!
tu me rends donc mon fils?

Thibaut (*dans une profonde
surprise*).

Que dites-vous? notre Valentin
votre fils? O mon cher & bon Seigneur! je sens tout votre corps qui
frémit. (*Il lui prend la main, & le
soutient*). Ma femme, vîte, un
siege, il va tomber à la renverse.

Marguerite (*courant de tous
côtés*).

Je ne sais ce que je fais. Je su

toute hors de moi. Et notre pauvre garçon, qu'il va être étonné !

(*Elle apporte enfin un siege. Thibaut fait asseoir M. de Verville, & lui tient toujours la main.*

M. DE VERVILLE.

O jour de bénédiction ! retrouver mon fils ! Quelle sera la joie de ma femme ! C'est d'aujourd'hui que nous allons commencer à vivre. Mon cher Thibaut, mene moi de grace vers lui. Il faut que je le voie, que je le presse contre mon cœur.

THIBAUT.

Non, non, Monseigneur, s'il vous plaît : mon cher Valentin en mourroit de saisissement. Il va revenir tout à l'heure. Paſſez dans cette chambre juſqu'à ce que je l'aie prévenu. Il ſera un peu mieux préparé , & vous un peu plus calme.

MARGUERITE (*regardant par la fenêtre*).

Le voici qui revient avec ſa bêche ſur l'épaule. Voyez-le marcher.

M. DE VERVILLE. (*courant vers la fenêtre*).

Il vient ! il vient ! comme le cœur me bat ! je veux courir à lui.

THIBAUT (*l'arrêtant*).

Non , Monſeigneur , cela ne ſeroit bon pour l'un ni pour l'autre;

& cette fois ci vous en passerez à ma fantaisie.

(Il entraîne dans la piéce voisine, M. de Verville qui le suit à regret, en tenant toujours ses yeux tournés vers la fenêtre).

SCENE VIII.
MARGUERITE (*seule*).

Je serai peut-être bien à-plaindre de cette aventure. Voilà que Valentin devient tout à coup un grand seigneur. Qui sait s'il nous aimera davantage, s'il ne rougira pas de nous regarder ? (*En laissant tomber quelques larmes*). Oh, si cela m'arrivoit, je ne m'en consolerois de ma vie. Je l'ai élevé avec trop de soin ! je l'aime avec trop de tendresse ! c'est comme s'il étoit un de mes propres enfans.

SCENE IX.

THIBAUT , MARGUERITE.

THIBAUT.

(*A M. de Verville qu'il laisse dans l'autre piece*).

RESTEZ, restez. Je viendrai vous avertir quand il faudra.

(*Voyant Marguerite baignée de larmes*).

Eh bien, ma chere femme, qu'as tu donc à pleurer ?

MARGUERITE.

Ah , mon ami , c'eſt de plaiſir &
de triſteſſe tout enſemble que je
pleure.

THIBAUT.

Comment as-tu donc l'habileté
d'arranger cela ?

MARGUERITE.

Je ſuis joyeuſe de ce que Valentin
retrouve ſes parens , & de ce que
ſes parens le retrouvent. Mais nous
allons le perdre nous autres : voilà
ce qui m'afflige. Et s'il alloit nous
oublier !

THIBAUT.

Quelle vilaine penſée t'eſt venue
dans l'eſprit ! Nous oublier , ma
femme ! auſſi peu que nous pourrons

l'oublier nous mêmes. Tu ne le connois pas encore assez bien, à ce que
je vois.

SCENE X.

THIBAUT, MARGUERITE, VALENTIN, GEORGE, JANNETTE, LOUISON.

VALENTIN (*avec vivacité*).

O mon pere, ô ma mere, que je
suis transporté de joie! (*il pose sa
beche, court à eux, & les embrasse*).
Jeannette & Louison viennent de
me raconter ce que Monseigneur a
fait pour nous. Où est ce bon Seigneur ? que je lui baise les mains,
que je le remercie de tant de bontés.

SCENE XI.

M. DE VERVILLE, THIBAUT, MARGUERITE, VALENTIN, GEORGE, JEANNETTE, LOUISON.

(Ouvrant impétueusement la porte, & courant se jetter au cou de Valentin).

ME voici, mon fils, me voici? Oui, tu es à moi, tu es mon sang, mon amour & ma vie.

THIBAUT.

Ne sois pas effrayé, Valentin, c'est la vérité. Monseigneur est ton père.

(*Valentin dans une profonde sur-prise, regarde tour à tour d'un œil étonné, M. de Verville, Thibaut, & Marguerite. Il voudroit parler & sa langue reste muette*).

MARGUERITE.

Oui, mon cher enfant, tout vient de se découvrir. Il y a quinze ans que Monseigneur pleure ta perte. C'est à nous de la pleurer aujour-d'hui.

VALENTIN (*d'une voix étouffée*).

Moi, votre fils! Vous, mon pere!

(*Il se dégage de tous les bras qui l'entourent, se précipite aux genoux de M. de Verville, les embrasse & couvre ses mains de baisers. de Verville jette ses bras autour du cou*

de

de son fils, & laisse tomber sa tête sur la sienne. Ils demeurent un moment dans cette attitude, muets & baignés de pleurs).

M. DE VERVILLE (*relevant un peu sa tête*).

Dieu tout puissant ! quelles graces puis-je te rendre pour ta bonté !

VALENTIN.

J'avois demandé mille fois au Ciel de me faire connoître ceux à qui je suis redevable de la vie ; & c'est de vous que je l'ai reçue, vous qui venez de la rendre, par vos bienfaits à ceux qui me l'ont conservée. Que de raisons pour vous chérir, & pour chercher à mériter votre tendreſſe par mon obéiſſance & par mon amour !

M. DE VERVILLE.

Mon cœur me fait déjà ſentir combien tu en es digne. Oui, mon fils, mon unique fils, ce cœur a toujours été plein de toi. Mais ta mère, quels vont être ſes tranſports en te voyant !

VALENTIN.

Ah, je vous en conjure, conduiſez-moi vers elle. Qu'il me tarde d'être à ſes genoux, & de la ſerrer dans mes bras !

M. DE VERVILLE.

Viens, mon ami, je me reproche tous les inſtans que je fais

perdre à son bonheur. Courons, volons.

T H I B A U T.

(*Les créttant, & les prenant l'un & l'autre par la main*).

Y pensez-vous? Porter la mort, à force de joie, dans le cœur de cette bonne Dame! Non, non, il n'en sera pas ainsi. Il faut commencer par boire un verre de vin pour nous fortifier le corps & l'esprit, autrement nous ferions tout de travers Je me charge ensuite d'aller à la ville pour amener les choses de loin à Madame, & la préparer à voir son enfant, Ah, mon cher Valentin, que tu seras bien-aise de la connoître!

L 2

VALENTIN.

Je vais donc la voir aujourd'hui, après avoir craint si long-tems de ne la voir jamais! Je ne puis dire la tendresse que je sens d'avance pour elle.

MARGUERITE.

Et moi, Valentin, m'aimeras-tu toujours?

VALENTIN.

Ah, si je t'aimerai! Je t'appellerai toujours aussi ma mere comme elle. Si elle m'a donné la vie, n'est-ce pas toi qui l'as soutenue de ton lait, après que mon second pere me l'eut sauvée? Que serois-je devenu sans vous deux? Vous m'avez fait plus de bien qu'il ne fera jamais en mon pouvoir de le reconnoître.

M. DE VERVILLE.

Que dis-tu, mon fils ? Ah ! quand il devroit m'en coûter la moitié de ma fortune, je veux que ces braves gens. . . . .

THIBAUT (*l'interrompant avec vivacité*).

Et moi, je ne veux pas que vous disiez un mot de plus là - dessus. Votre amitié, celle de Madame & de Valentin feront notre plus grande récompense. Je vous défie, avec toute votre richesse, de nous en donner une qui vaille pour nous celle-là. Mais qu'attendons - nous pour nous mettre à table? Venez,

Monseigneur. Valentin, ici, à côté de ton pere. Oui, je te comprends, va, Marguerite sera près de toi. La bonne créature, elle t'aime si tendrement!

(*Voyant que Marguerite s'essuie les yeux avec son tablier*).

Allons, ma femme, point de folie; pourquoi ces larmes ? Nous ne sommes point perdus les uns pour les autres. S'il étoit devenu un vaurien, c'est alors que nous l'aurions perdu, & qu'il auroit fallu le pleurer.

VALENTIN (*regardant d'un air attendri M. de Verville*).

Vous le voyez, mon pere, si je dois les chérir ?

(*Il prend la main de Margue-*
rite, qui ne peut retenir plus long-
tems ses pleurs, & se cache le vi-
sage, pendant que Valentin lui fait
mille carresses).

THIBAUT.

Eh bien, finirez-vous? Ils sont
aussi fous l'un que l'autre. Or çà,
Marguerite, pour te distraire un
peu, fais placer tes enfans, & porte-
nous des verres.

(*Pendant que Marguerite s'oc-*
cupe de ces soins, il se tourne vers
M. de Verville, & lui dit):

Quand je vous disois tout-à-
l'heure, Monseigneur, que la vertu
ne restoit jamais sans récompense!
Vous le voyez pourtant. A peine

venez-vous de faire une bonne action, que vous en voilà tout de suite payé. Vous nous donnez des biens qui n'étoient plus à nous, & nous vous donnons un fils que vous croyez perdu.

(*Il se leve ; & s'dressant à George, à Jeannette & à Louison, qui, pendant toute la scene, ont gardé le silence, en tenant les yeux constamment fixés, tantôt sur M. de Verville, tantôt sur Valentin*).

Et vous, mes enfans, apprenez à ne jamais désespérer du Ciel, ni de vous-mêmes. Lorsqu'une inondation m'emporta, il y a quinze ans ma cabane, la Providence me donnoit au même instant de quoi m'acquitter un jour envers le bienfaiteur

qu'elle devoit m'envoyer. Aujour-
d'hui que la sécheresse sembloit m'a-
voir ruiné sans ressource , elle rétablit au contraire ma petite fortune.
Dieu se sert de tout pour récom-
penser ceux qui font leur devoir.
C'est à deux fléaux des plus ter-
ribles que nous devons notre bonheur. Que cette leçon vous serve
pour toute la vie ! Lorsqu'un homme
fait le bien, croyez-moi, que les
malheurs le poursuivent , qu'il
tonne sur sa tête, que tout s'é-
croule autour de lui, tant qu'il n'a
rien à se reprocher, il reste ferme
comme un roc,) *en frappant du
poing sur la table*) ou s'il tombe
un moment, il se releve plus vi-

goureux...... Un coup de vin, Monſeigneur.

(*Il ſaiſit la bouteille, & remplit les verres à la ronde*)

C'eſt pour boire tous enſemble à votre ſanté.

MARGUERITE.

Oh, avec quel plaiſir !

THIBAUT.

Valentin, toi ſeul, tu peux lui dire de bouche : Mon pere ; mais nous le diſons tous de cœur comme toi. A votre ſanté, Monſeigneur !

TOUS A LA FOIS.

A votre ſanté, Monſeigneur !

VALENTIN.

A votre fanté, mon tendre & refpectable pere !

M. DE VERVILLE (*les larmes aux yeux*).

Je te remercie, mon cher fils. Je vous remercie tous, mes enfans. Que le nom de pere eft un doux nom ! (*Il boit.*) Jamais vin ne m'a paru fi exquis.

THIBAUT (*d'un air gai*).

Ni à moi non plus. Auffi je recommence. C'eft pour toi, maintenant, Valentin. Ecoute, quoique tu fois devenu un grand perfonnage, je ne veux pas que perfonne t'appelle jamais autrement dans ma cabane. En te nommant ainsi, nous sentirons mieux que tu habites encore au fond de nos cœurs.

VALENTIN.

Et moi en quelque lieu que ce soit, je t'appellerai toujours mon pere.

(*Thibaut lui prend la main, & la serre. On boit à la santé de Valentin*).

THIBAUT.

Ah çà, Monseigneur, je vous ai raconté comment nous avions trouvé votre fils. C'est votre tour de nous dire comment vous l'aviez perdu.

M. DE VERVILLE.

Très-volontiers, mon ami, puisque

que ce récit ne doit plus me coûter de tristesse. Il y avoit un an
que j'étoit marié, lorsque la guerre
s'étant rallumée, je reçus l'ordre
de partir avec mon régiment, pour
les Indes Orientales. Ma femme,
malgré mes instances, voulut me
suivre dans une si longue & si dan-
gereuse navigation, après avoir
donné le jour à ce cher fils, le
seul que nous ayons conservé. J'a-
vois un oncle, Prieur d'une Abbaye
auprès d'Evreux. L'enfant fut confié à une nourrice du voisinage,
pour qu'il fût à portée de veiller
sur lui, & de nous en donner des
nouvelles. Je n'en reçus aucune
pendant les trois premieres années.
Inquiet de ce silence, je m'adressai

M

à des amis que j'avois à Paris. Le plus zélé se rendit sur les lieux ; d'où il m'écrivit que peu de tems après mon départ, une inondation subite avoit ravagé la contrée ; que mon oncle étoit péri dans le dé-faftre, victime de son intrépidité ; que la maison de la nourrice avoit été emportée la nuit par les eaux, & que mon fils avoit perdu la vie avec elle. Ces nouvelles affreuses m'accablerent de douleur ; & ma femme en fut sur le point de des-cendre au tombeau. A mon retour en France, je n'ofai faire des re-cherches qui me sembloient si su-perflues, dans la crainte que leur mauvais succès ne réveillât des re-grêts amers, que le temps avoit un peu adoucis.

Quoi, Monseigneur, depuis six ans que je suis votre fermier, j'aurois pu finir votre tristesse! Je ne me console point de vous avoir laissé si long-tems souffrir. Je vous ai si souvent parlé de mon bonheur, pourquoi ne m'avez-vous jamais parlé de vos peines?

M. DE VERVILLE.

Devois-je imaginer que toi seul pouvois les finir? Et puis, je te l'avoue, je cherchois à bannir de mon esprit de cruelles pensées. Je craignois sur-tout de les rappeller en présence de ma femme. Ce matin même, lorsque tu voulois nous parler de tes enfans, ne te souviens-

tu pas avec quelle adreſſe j'ai dé-
tourné la converſation ſur d'autres
objets ?

VALENTIN (*ſe jettant dans les bras
de M. de Verville*).

Oh mon pere! combien je vais
vous aimer pour vous faire oublier
tant de larmes!

M. DE VERVILLE (*l'embraſſant*).

N'en parlons plus, mon fils,
puiſque leur ſource eſt épuiſée.

THIBAUT.

Ne vous y fiez pas, Monſeigneur.
Il vous en fera répandre toute votre
vie; mais ce ne feront plus que des
larmes de plaiſir. Vous êtes loin de
le connoître encore. Quant vous
aurez vu toutes ſes bonnes quali-

tés, il vous en deviendra mille fois plus précieux. Comme j'aime à vous voir si dignes l'un de l'autre !

M. DE VERVILLE, (*avec attendris-*
sement).

C'est à vos instructions, mes braves amis, que j'en suis redevable. C'est près de vous qu'il a pris le goût de l'honneur & de la vertu. J'ai le bonheur de le trouver tel que j'aurois désiré de le former moi-même. Ah ! de quel prix pourrai je vous satisfaire ?

T H I B A U T.

Nous satisfaire ? Oh, c'est déjà fait dès long-tems ; & Valentin lui-même y a pourvu. Nuit & jour il a travaillé de son mieux pour notre avantage. Croyez - vous que fans fes foins, nos champs auroient fi bien profpéré ?

M. DE VERVILLE.

Vous perdrez donc beaucoup en perdant fes fecours ?

MARGUERITE.

Hélas ! c'eft la fatisfaction de l'avoir près de nous que nous aurons le plus à regretter.

VALENTIN.

Non, mon père je dois vous le dire, parce qu'ils vous le cacheroient peut-être, de peur d'exciter encore la générofité de votre cœur. Je leur devois bien tous mes efforts pour les foins qu'ils avoient pris de mon enfance, & je n'avois au-

cun mérite à travailler pour eux.
Mais quelque laborieux qu'ils puif-
fent être, mes bras leur étoient
néceffaires. S'ils perdent mon affif-
tance, c'eft à moi de les en dédom-
mager. Il n'en eft qu'un moyen.
Par bonheur il dépend de la premiere grace que j'ai à vous demander, & que vous ne me refuferez
point dans ce moment de joie,
n'eft-il pas vrai, mon pere?

M. DE VERVILLE.

Oui, mon fils, parle, demande.
Il n'eft rien que tu n'aies le droit
d'obtenir.

VALENTIN.

Eh bien, je vous en fupplie,
donnez-leur pour moi ces champs,

puifque je ne pourrai plus les cul-
river pour eux.

THIBAUT.

Que dis-tu, Valentin?

M. DE VERVILLE.

Ce qu'il dit? Ah! ce qui porte
la joie dans le fond de mon cœur,
en me prouvant combien le fien
eft capable de reconnoiffance. Oui,
mon fils, je fuis fûr maintenant
de poffeder bientôt ta tendreffe,
puifque je te vois fi fenfible à celle
que ces braves gens avoient pour
toi. Thibaut, reçois cette ferme
des mains de notre fils. Je ne veux
point lui ravir le plaifir de te la
donner. J'y joindrai feulement pour
ma femme & pour moi la métairie

de Gervais, qui t'appartient aussi dès ce moment.

Thibaut.

Arrêtez, Monseigneur, arrêtez. Je vous demande grace. Ne nous accablez pas davantage. Comment pourrions-nous jamais nous acquitter envers vous? Voulez-vous nous rendre ingrats malgré nous-mêmes.

M. de Verville.

Ne commence donc pas à l'être, en m'ôtant la joie de reconnoître le don que tu me fais. Un fils ne vaut-il pas mille fois les biens que je t'abandonne? Parle, donnerois-tu le tien à ce prix?

Thibaut.

Vous avez toujours le secret de

me confondre ; ainfi je vous laiffe
faire comme il vous plaira. Ce feroit un crime à nous de batailler
contre votre bonté. (*Il fe tourne
vers Marguerite*). Ma chere femme,
nous étions ce matin hors d'état de
payer la moitié de nos dettes, &
voila que maintenant nous regor-
geons de richeffes ! O mes enfans, je puis donc mourir fans être
inquiet fur votre fort ! Et toi , Valentin , quand je te perds, je te vois
pourvu d'un pere tel que tu le mé-
rites ! Je crains que ma pauvre tête
ne fe dérange de tant de joie.

M. DE VERVILLE.

Tiens, Thibaut il faut boire un
coup pour la raffermir.

THIBAUT.

Voilà un conseil admirable, dont je veux profiter. (*Après avoir rempli les verres à la ronde , il se leve, ôte son chapèau, & le fait tourner autour de sa tête*) Allons, ma fem-fem , allons mes enfans. (*Voyant que George ; Louison & Jeannette n'osent toucher à leur verre.*) Allons , vous dis-je , c'est un verre de reconnoissance. Il faut le vuider jusqu'au fond. Oui, Marguerite; tu as beau leur faire des signes, il faut qu'ils en passent par-là.

MARGUERITE.

Mais, mon ami, je crains.....

THIBAUT (*l'interrompant*).

Tant mieux, ma femme, je veux

qu'il leur en reste une petite pointe dans la tête, pour qu'ils se souviennent à jamais de ce grand jour. Laissons-les boire largement à la santé de notre bienfaiteur. Lorsqu'ils penseront dans la suite à tout ce qu'il a fait pour eux, ils lui rendront pour chaque goutte de vin, mille fois plus de larmes de reconnoissance & de tendresse. Pardonnez, Monseigneur, ils ne sont pas encore d'un âge à comprendre tout l'excès de vos bienfaits ; mais laissez-les grandir. Aussi long-tems qu'ils jouiront de la vie, vous serez béni par eux & par leurs enfans.

VALENTIN.

Oui, j'ose en répondre pour eux, je connois leur bon cœur. O mes cheres

cheres petites sœurs, et toi, mon frere, jamais je n'oublierai l'amitié que vous avez eue pour moi. (*Il les embrasse.*) Mon pere, vous me permettrez de ménager chaque jour sur mes plaisirs, pour leur donner de quoi se faire un établissement.

M. DE VERVILLE.

Doucement, je te prie, ne va pas sur mes droits. Je viens, tout-à-l'heure, de m'engager pour le trousseau de Jeannette.

VALENTIN.

Eh bien, je me réserve George et Louison. Tu le veux, n'est-ce pas, ma mere Marguerite? (*Elle lui serre la main, et ne répond que*

Tome 7. *Adol.* N

par ses larmes.) Tu le veux aussi,
mon pere Thibaut ?

T H I B A U T.

Comment pourrois-je te refuser
ce qui paroît te faire tant de plaisir? Oui, je l'accepte pour toi autant que pour moi-même. J'y mets
pourtant une condition que je vais
proposer à Monseigneur.

M. DE VERVILLE.

Voyons, de quoi s'agit-il ?

T H I B A U T.

Vous m'avez dit souvent que vous
et Madame, vous desireriez avoir
une petite maison de plaisance dans
cette contrée, pour y passer la belle
saison. Le champ voisin est à vendre. Vous pouvez l'acheter pour y

bâtir un petit pavillon à votre fantaisie. De cette maniere, nous vous
aurons près de nous pendant la
moitié de l'année. Je parierois que
Valentin prendroit de la mélanco-
lie, s'il lui falloit toujours être em-
prisonné dans la ville.

M. DE VERVILLE.

Qu'en dis-tu, mon fils ?

VALENTIN.

J'en serois charmé, je l'avoue,
je ne respire que l'air des champs.

M. DE VERVILLE (*avec un sourire*).

A la bonne heure. Tu vois, Thibaut, que je me rends plûtôt à ta
priere que tu ne l'as fait à la mienne.

THIBAUT.

C'est qu'il y a de la différence,

Mais je n'ai pas tout dit. Ce terrain est assez grand pour y planter un joli jardin. Vous me regardez, Monseigneur ? Oh ! vous ne savez pas encore tout ce que Thibaut peut faire. J'étois jardinier autrefois, et je n'ai pas oublié mon métier. Je me charge de vous arranger votre parterre si joliment, qu'on vienne le voir de tout le pays comme une merveille.

G E O R G E.

Je prendrai pour ma part de creuser les canaux et les fossés, de faire les terrasses, et de planter les arbres de vos allées.

M A R G U E R I T E.

Et moi, je veux, avec mes filles,

relever les plates-bandes., et les garnir de fleurs.

JEANNETTE.

Nous y porterons les plus belles de notre jardin.

LOUISON (en sautant).

Oh ! quand serons-nous à l'ouvrage ?

M. DE VERVILLE.

Y pensez-vous mes amis ? Il faudra donc que j'aille labourer vos champs, tandis que vous vous occuperez de mon parterre ?

THIBAUT.

Ne pensois-je pas que vous auriez encore la malice de me contrarier ? Ecoutez, Monseigneur, nous en serons plus expéditifs à

N 3

notre ouvrage. Et puis le meilleur
tems pour travailler à votre jardin,
c'est justement la saison où il n'y a
presque rien à faire dans les champs.
Quoique Valentin soit maintenant
un Seigneur, j'espere qu'il voudra
bien nous aider. Ses mains sont ac-
coutumées à manier la bêche ; et
travailler pour vous, sera son plus
grand plaisir. Laissez-nous faire.
Chacun s'emploira de bon cœur à
sa besogne; et tout sera fini avant
que vous ayez eu le temps d'y songer. Mais, voici le brave Gervais.
Que nous veut-il ?

(Il se leve, court à lui, et le
prend par la main.)

SCENE XII.

M. DE VERVILLE, VALENTIN, THIBAUT, MARGUERITE, GERVAIS, GEORGE, JEAN-NETTE, LOUISON.

GERVAIS.

Je venois voir, Thibaut, si tu es contens de tes vaches.

THIBAUT.

Ah ! mon cher voisin, je le suis bien davantage de ce que nous pouvons rester bons amis. Ton retour achève la joie de ma journée. Viens t'asseoir avec nous. Je veux te met- tre en présence du meilleur homme qu'il y ait sur la terre.

GERVAIS (*en s'avançant*).

Que vois-je? Monseigneur?

M. DE VERVILLE (*avec un sourire.*)

Non, Gervais, je ne suis plus pour toi que M. de Verville. Ton Seigneur actuel, le voilà (*en montrant Thibaut*).

GERVAIS.

Comment donc, Thibaut?

THIBAUT.

Oui, mon ami, je le suis. Mais nous n'en serons pas moins familiers que ci-devant, si riche que je sois devenu.

GERVAIS.

Je ne comprends rien à ce discours.

THIBAUT.

Je le crois, il en embarrasseroit bien d'autres. On ne trouve pas deux fois en sa vie un homme aussi généreux que Monseigneur. Tant il y a que je suis maintenant, par sa grâce, le maître de cette ferme et de ta métairie.

M. DE VERVILLE.

Il est vrai, je viens de les lui céder en toute propriété.

GERVAIS.

Eh bien, Thibaut, je te félicite de tout mon cœur de cette bonne fortune, et je n'en suis point jaloux. J'espere que tu seras toujours pour moi un aussi bon Seigneur que M. de Verville l'a été.

THIBAUT.

Ah! mon ami, que je me trouve heureux de pouvoir reconnoître la droiture que tu m'as témoignée ce matin! Vois ce que tu aurois gagné à suivre les conseils d'un méchant homme. Pour deux misérables vaches que tu aurois conservées, tu aurois perdu un bon ami. Ma petite fortune t'aurois fait crever d'envie et de dépit. En me voyant devenir le maître de ta métairie, tu aurois toujours eu la crainte que je ne te misse dehors, pour me venger. Cette pensée auroit rempli ta vie d'amertume. Au lieu de cela, tu trouves un cœur à toi et à toute épreuve. Mon plus grand plaisir sera de t'obliger. Je puis commencer dès ce moment. Je te rends les deux vaches que tu m'as envoyées, et je te tiens quitte pour deux ans de ton fermage.

(Gervais, dans sa profonde surprise, ne peut prononcer une seule parole, et le regarde avec des yeux fixes, et la bouche béante.)

M. DE VERVILLE:

Thibaut, je croyois que rien ne pouvois ajouter à la doucour que je goûtois de te faire du bien; mais l'usage que tu en fais, me pénetre encore d'une joie mille fois plus douce. *(Il lui prend la main te la serre.)*

THIBAUT.

Eh! Monseigneur, il seroit bien mal à moi de profiter de vos grâces, sans profiter aussi de votre exemple. C'est vous qui m'avez mis en passe d'obliger mon voisin, et je vous remercie de ce nouveau plaisir.

GERVAIS.

(Revenant à lui et se jetant au cou de Thibaut.)

Ah! mon ami, comment pourrois-je me rendre digne de toi! Rien ne me fait tant de peine que d'être hors d'état de te montrer ma reconnoissance.

THIBAUT.

Que dis-tu, Gervais? Dieu me préserve de rendre jamais quelque
service

SUITE DE L'AMI

DES ENFANS,

L'AMI

DE

L'ADOLESCENCE.

Pag. 5.

L'AMI

DE

L'ADOLESCENCE,

Par M. BERQUIN.

TOME HUITIÈME.

A PARIS,

Au Bureau de l'Ami des Enfans,

Chez BRUNET, libraire, rue Gît-le-
Cœur, N°. 18.

Les deux Drames de ce volume
sont imités de l'Allemand de M.
Pfeffel, qui les avoit composés
pour l'enfance. En conservant toutes les beautés qu'il y a répandues,
j'ai cherché à les rendre propres
à un âge plus avancé, à qui les
nouveaux sentimens de générosité,
de force et de grandeur que j'ai
tâché de peindre, et le langage
dans lequel il les falloit exprimer,
m'ont semblé devoir plus naturel-
lement appartenir.

Cicéron et Valere-Maxime, qui
nous ont transmis le trait admirable d'amitié de Damon et Pythias, ayant négligé de nous ap-

prendre lequel des deux se remit en otage entre les mains du tyran, pour lui répondre du retour de son ami, j'ai suivi dans le choix des noms celui que Fénélon a cru devoir adopter. J'invite mes amis à lire un dialogue qu'il a composé sur ce sujet. C'est le vingtième des *Dialogues des Morts entre les Anciens.*

PYTHIAS

ET

DAMON,

DRAME EN UN ACTE.

PERSONNAGES.

DENIS, *tyran de Syracuse.*

GELON, *son favori.*

ARGUS, *capitaine de ses gardes.*

PALINURE, *pilote d'un vaisseau.*

DAMON, *citoyen de Syracuse.*

PYTHIAS, *citoyen de Corinthe.*

GARDES.

*La Scène se passe dans un appar-
tement reculé du palais de Denis.*

PYTHIAS ET DAMON,

DRAME EN UN ACTE.

SCÈNE PREMIERE.

DENIS, GELON, ARGUS.

DENIS.

Qui dois-je faire mourir aujour-
d'hui ? Voyons.

(Il ouvre ses tablettes.)

Ah, c'est le jour où Pythias a
promis de revenir de Corinthe pour
subir son supplice.

GELON

Eh, croyez-vous qu'il revienne,
Seigneur ?

DENIS.

Son retour m'étonneroit, je l'avoue. Mais pourtant Damon, son ami, qui s'est offert de mourir à sa place, s'il ne revenoit pas !

ARGUS.

Je viens de descendre dans sa prison. Il vous conjure, Seigneur, de ne pas lui refuser ce matin un instant d'audience.

DENIS.

Pour me demander grâce, sans doute ? Mais on ne se joue pas impunément de ma justice. Si Pythias ne revient pas ce jour même....

GELON.

Le traître ! il ne vouloit, disoit-il, que revoir sa patrie, embrasser sa femme et ses enfans, et dans l'espace de temps que vous avez daigné lui accorder, il auroit pu faire deux fois le chemin de Corinthe ! J'avois bien soupçonné quelque perfidie. Peut-être est-il allé vous chercher des assassins. O le meilleur des rois, faut-il que je tremble sans cesse pour vos jours! Je ne sais quelle terreur m'agite. N'en doutez plus, Seigneur, Damon est sûrement d'intelligence avec lui pour vous surprendre. Dans quel dessein dangereux demande-t-il à vous parler?

DENIS.

Vous me faites frémir. Je ne veux pas l'entendre. Je vais passer chez mes filles. Attendez-moi ici un moment, Gelon; et vous, Argus, allez voir si ma garde et vigilante autour de moi.

(Il sort par une porte secrète. Argus veut sortir d'un autre côté. Gelon le retient.)

SCENE

SCENE II.

GELON, ARGUS.

GELON.

Ecoutez, Argus.

ARGUS.

Qu'exigez-vous de moi, Seigneur?

GELON.

Que l'entrée du palais soit inter-
dite aujourd'hui à tout autre que
Palinure. Gardez-vous d'y laisser
pénétrer personne qui puisse mettre en danger la vie du Roi, sous
le prétexte d'implorer sa clémence
en faveur de Damon.

B

ARGUS.

Hélas ! qui auroit le courage d'oser intercéder pour ce malheureux !

GELON.

Il est indigne d'exciter la pitié.

ARGUS.

Ah , Seigneur ! qu'il me soit du moins permis de déplorer sa destinée.

GELON.

Gardez-vous de laisser éclater de pareils sentimens. Je vois que vous partagez l'aveuglement d'une crédule populace. Damon n'est qu'un imposteur, qui, par un faux héroïsme , s'est flatté d'en imposer au Roi, et de sauver la vie de son ami.

A R G U S.

Vous conviendrez au moins qu'il exposoit bien généreusement la sienne.

G E L O N.

Eh ne voyez-vous pas qu'il ne pouvoit plus embrasser un autre parti? Il craignoit trop que Pythias, dans les douleurs de la torture, ne fût contraint de l'avouer pour complice de sa trahison.

A R G U S.

Mais Pythias lui-même n'a pas été convaincu.

G E L O N.

Son crime est un secret que je

B 2.

renferme dans mon sein. L'intérêt de l'Etat défend qu'il soit exposé aux yeux du peuple. Allez, et que mes ordres soient exécutés. Je vous les renouvelle au nom du Roi même. Songez bien que vous m'en répondez, et qu'il y va de votre vie.

(*Argus s'incline et sort sans répondre*).

SCENE III.

GELON.

FORTUNE , je te rends grâces !
tu vas donc me délivrer aujour-
d'hui du dernier Syracusain , dont
la vertu pût faire ombrage à mon
crédit. Il s'est précipité lui-même
dans sa ruine. Je ne pensois à perdre que l'opulent Corinthien Pythias ; pour m'enrichir de ses dé-
pouilles, et je trouve encore à me
venger de l'orgueilleux Damon. Il
apprendra ce que l'on gagne à mépriser le favori d'un tyran. Et toi,
Denis , je sais à quels sentimens je
dois tes largesses. C'est en vain

B 3

que tu me parles d'amitié. Tu ne
me combles de biens que pour m'a-
nimer à servir tes barbaries, dont
tu me rendrois victime à mon tour.
Mais, va, je saurai te prévenir.
Eleve encore un peu plus haut ma
fortune. Je te ferai descendre toi-
même dans le fond de l'abyme où
tu songes déjà dans ton cœur à me
précipiter.

(*Il aperçoit un homme qui s'a-
vance avec des marques de crainte*).
Que vois-je !

SCENE IV.

GELON, PALINURE.

GELON.

Pl inure, est-ce toi?

PALINURE.

Oui, Seigneur.

GELON (*avec empressement*).
Eh bien!

PALINURE.

Sommes-nous seuls?

GELON.

Tu peux parler sans crainte.
Denis vient de s'éloigner.

PALINURE.

Je ne fais que de débarquer à

l'instant, et je me suis glissé dans le palais pour venir vous rendre compte en personne du succès de vos ordres.

GELON.

Satisfais mon impatience. Les as-tu remplis ?

PALINURE.

Vous n'ayez plus rien à craindre de Pythias ; il a perdu la vie.

GELON.

Je respire. Tu ne pouvois m'apprendre plus à propos cette heureuse nouvelle. Hâte-toi de m'instruire de toutes les circonstances de cet événement.

PALINURE.

J'avois mis , comme vous le savez, à la voile, chargé par Denis de conduire Pythias à Corinthe, et par vous, de le mettre hors d'état d'y parvenir jamais. La troisieme nuit après notre départ de Syracuse, il s'éleva une violente tempête, qui me donna la facilité d'exécuter mon dessein.

G E L O N.

Comment donc ? Achève.

P A L I N U R E.

A la lueur des éclairs, je vis Pythias à genoux sur le bord du vaisseau, les mains élevées vers le ciel. « Dieux immortels, s'écrioit-il, ce n'est pas pour ma vie que je vous implore, c'est pour celle de mon Laissez-moi le tems d'aller briser les chaînes dont il s'est chargé

par tendresse pour moi. Je vous
abandonne ensuite mes jours, quand
j'aurai sauvé les siens. Voulez-vous,
par ma perte, rendre le généreux
Damon victime de sa vertu? Vous
le savez, vous qui lisez dans le cœur
des humains, vous n'avez point de
plus noble image sur la terre». «Ta
bouche outrage les Dieux, lui ré-
pondis-je, en osant leur comparer un
mortel. Voici comme ils punissent
ton impiété»; et je le frappai d'un
coup terrible, qui le précipita dans
l'abyme dévorant des flots.

GELON.

O mon cher Palinure! personne
n'auroit pu servir plus heureuse-
ment ma vengeance. Les biens de
Damon vont être, après sa mort, le

prix de tes services. J'entends une porte s'ouvrir. Le Roi vient. Songe à lui dire que Pythias a refusé de venir avec toi.

SCENE V.

DENIS , GELON , PALINURE ,
Gardes.

DENIS.

QUE veut cet audacieux étranger ? Qu'on l'arrête.

GELON.

Daignez suspendre vos ordres, Seigneur. C'est le Pilote Palinure, à qui votre cœur généreux avoit confié le soin de conduire Pythias à Corinthe.

DENIS.

Comment ! est-ce qu'il l'en auroit aussi ramené ?

PALINURE.

Non, Seigneur. Aussi-tôt qu'il
s'est vu débarqué sur le rivage de
sa patrie, il m'a dit qu'il étoit inutile de l'attendre, et que je pouvois
revenir seul à Syracuse. Voilà tous
les ordres qu'il m'a donnés pour
Damon.

DENIS.

Tu pourras l'en instruire toi-
même. Qu'il paroisse maintenant
devant moi, puisque je n'ai pas de
grâce à lui accorder. (*A l'un de ses
Gardes*). Courez dire à Argus de
l'amener ici. (*le Garde sort.*)

GELON.

GELON.

Vous voyez, Seigneur, combien mes soupçons contre Pythias étoient justes.

DENIS.

Il n'en falloit pas davantage pour le punir.

GELON.

Par une affreuse perfidie, il laisse mourir à sa place son meilleur ami. N'est-ce pas la preuve la plus sensible qu'il étoit criminel envers vous? Croyez-moi, livrez dès ce moment à la mort le complice de sa trahison; il l'a bien méritée, pour vous avoir frustré de votre juste vengeance.

DENIS.

Mon dessein n'est pas de différer
son supplice.

GELON.

Pourquoi donc perdriez-vous
un tems précieux à l'écouter.

DENIS.

Non, je le veux. Sa confiance
en l'amitié me sembloit un outrage.
Je me fais un plaisir de le confondre.

GELON.

Le voici.

SCENE VI.

DENIS, GELON, PALINURE,
DAMON *enchaîné*, Gardes.

DENIS.

Eʜ bien Damon, c'est aujourd'hui
le jour où Pythias devoit revenir ?

DAMON.

Hélas ! je tremble encore. Il n'est
pas terminé.

DENIS.

Pourquoi ne demandes-tu pas
aux dieux d'en prolonger la durée ?

DAMON.

Que dis-tu, Denis ? Tu n'es pas
fait pour concevoir ni mes craintes, ni mes vœux. Ah ! si la nuit

étoit déjà venue! si le ciel pouvoit, jusqu'à demain, retenir le vaisseau de mon ami loin du port! s'il me laissait le temps de lui sauver la vie, en sacrifiant la mienne pour lui!

DENIS.

Tu pourras bientôt goûter cette rare satisfaction.

DAMON.

O Denis, tu me ravis de joie! Je craignois la vertu de Pythias plus que je ne crains tes bourreaux.

DENIS.

Bannis tes alarmes, Pythias ne reviendra jamais. Palinure vient t'en instruire.

PALINURE.

Je peux vous attester de sa part

qu'il est désormais inutile de l'attendre.

DAMON (*avec feu*).

Tais-toi, vil calomniateur. Si tu
m'avois dit que sa femme, ses enfans, tous ses concitoyens s'empressoient de le retenir, et deman-
doient à venir à sa place, j'aurois
pu croire un moment à cette im-
posture; mais jamais Pythias n'a
tenu le langage que ton impu-
dence ose lui prêter.

DENIS.

Etrange aveuglement!

DAMON.

Pythias sera de retour aujour-
d'hui même, s'il n'a cessé de res-
pirer. Mais non, il vit encore. Le
ciel ne permettra pas que le mortel

le plus vertueux périsse, quand je
peux racheter ses jours.

DENIS.

Quoi! tu refuses d'en croire un
témoignage si formel?

DAMON.

J'en crois bien plus les sentimens
de mon ami. Denis, c'est à toi
maintenant de te souvenir de ta
promesse.

DENIS.

Que t'ai-je promis?

DAMON.

De ne faire souffrir aucun mal
à Pythias s'il revient après ma mort.

DENIS.

Insensé! tu ne vois donc pas que

le traître t'abuse ! Dans ce même instant où tu ne trembles que pour lui seul , son cœur tressaille de joie de t'avoir trompé.

DAMON.

. Va, c'est de tes amis qu'il faut attendre de pareilles perfidies. Je connois le mien mieux que toi. Plut au ciel que je pusse compter sur ta foi , comme sur sa parole !

GELON.

Quelle insolence inouie, Seigneur !

DENIS.

Il va l'expier par son supplice.

DAMON.

Je suis plus impatient que toi de le presser. Je n'attends qu'un mot

de ta bouche. Jure encore d'épargner Pythias à son retour.

D E N I S.

Que t'importe une assurance
inutile ! Le fourbe est trop soi-
gneux de ses jours pour en avoir
besoin.

D A M O N.

N'outrage pas la vertu, Denis.
C'est une assez grande impiété de
ne pas y croire.

D E N I S.

Est-ce à toi de la défendre, quand
tu vas être le martyr d'une trahison.

D A M O N.

Jusqu'au dernier soupir elle re-
cevra mon hommage.

DENIS.

Ton aveugle fanatisme me fait pitié.

DAMON.

Ce n'est pas elle que j'implore, c'est ta justice que je réclame. Fais-moi donner la mort, mais jure d'épargner Pythias. Que j'emporte dans la tombe l'espérance de le sauver.

DENIS.

Puisqu'il ne te faut qu'un serment superflu, je te le donne. Si Pythias revient après ta mort, je jure qu'il vivra.

DAMON (*élevant les mains vers le Ciel*).

Dieux immortels ! recevez ce serment de sa bouche ; et s'il pensoit à le violer un moment , employez tous vos foudres pour le contraindre à l'exécuter.

(*A Denis*).

Je suis satisfait, tyran. Je viens d'arracher une victime innocente à ta barbarie. J'en mets une autre à tes pieds.

(*Il tombe à ses genoux*).

Laisse-moi les embrasser pour te demander une grâce. Elle ne doit pas coûter cher à ton cœur.

DENIS.

Parle.

DAMON.

Fais-moi conduire, dès cet ins- tant même , au supplice. Je dois être assez coupable à tes yenx, puisque j'ose braver ton indignation.

D E N I S.

Tu seras satisfait. Qu'on le traîne à l'échafaud. Argus, fais assembler toute ma garde pour contenir le peuple dans le devoir. Que l'on punisse de mort le premier qui oseroit se permettre un murmure.

(*Les Gardes saisissent Damon, et commencent à l'entraîner*).

PYTHIAS (*en sortant*).

Je vous bénis, grands Dieux ! j'ai sauvé mon ami.

SCENE VII.

DENIS, GELON, PALINURE.

DENIS (*après une minute de si-*
lence).

DAMON est-il un insensé ? Est-il
le plus généreux des mortels ? S'il
m'eût demandé grâce pour lui-
même, j'ai cru me sentir prêt à la
lui accorder.

GELON.

O le meilleur des Rois ! jamais
criminel n'osa te braver avec tant
d'audace, et ton cœur s'émeut encore pour lui ! Mais dans cette cir-
constance, Seigneur, votre clémence pourroit entraîner les suites
les plus funestes. Les farouches Sy-
racusains

racusains ne manqueroient pas de la prendre pour une foiblesse, et n'en deviendroient que plus insolens.

DENIS.

Oui, sans doute, cet exemple rigoureux importe à ma sûreté. Peuple rebelle, il faut t'épuiser de sang, et te rassasier d'opprobres pour régner sur toi !

GELON.

Puisque Pythias étoit coupable, Damon a trempé dans son crime. Il mérite deux fois de mourir.

DENIS.

Je te rends grâces, Gelon, de ton zèle pour ma puissance. Continue à me chercher les victimes qu'il lui faut immoler. De nouveaux bienfaits seront le gage de ma faveur. Et vous, Palinure, courez instruire le peuple de la perfidie de Pythias, et sur-tout du crime de Damon. Je ne veux pas qu'on lui donne un seul sentiment de pitié.

(Palinure s'éloigne ; et , prêt à sortir , il recule avec effroi.)

S C E N E V I I I.

DENIS, GELON, PALINURE, ARGUS, DAMON et PY-THIAS *enchaînés*, Gardes.

D E N I S.

QUE vois-je?

G E L O N (*à part*).

Ah, traître Palinure!

A R G U S.

Seigneur, comme je conduisois Damon à la mort, cet étranger est accouru vers moi hors d'haleine. « Arrête, s'est-il écrié! Brise les fers de mon ami! Damon n'est plus ton otage; voici Pythias; c'est lui seul qui doit mourir ». Ils se sont précipités dans les bras l'un de l'autre ; et tous deux à l'envi s'empressoient vers l'échafaud, comme s'ils alloient se disputer un trône. Cet événement inattendu m'a fait un devoir de les amener devant vous.

DENIS (*avec une extrême surprise.*)

Est-il vrai ? pourrai-je en croire mes yeux ?

DAMON.

Voilà mes craintes justifiées. Ah, Denis, pourquoi n'as-tu pas avancé d'une heure mon supplice ?

PYTHIAS.

Et crois-tu donc que j'aurois

pu survivre à la mort que je t'aurois donnée? Moi, ton meurtrier,
cher ami! Cette seule image glace
encore mon sang dans mes veines.
Bénis soient les Dieux d'avoir enfin secondé mon impatience! O
Damon, que je t'embrasse pour la
derniere fois.

(*Ils s'embrassent avec la plus
vive tendresse*).

D A M O N.

Fidele, mais cruel ami! Ah,
Denis! donne la vie à Pythias, ou
fais-nous mourir ensemble.

P Y T H I A S.

Tu es étonné de me revoir, tyran? Ma conservation miraculeuse
te force de croire à ces Dieux que

D 3

tu voudrois anéantir au fond de ton cœur. Quand tu m'as fait précipiter dans la mer, tu ne prévoyois pas qu'une vague bienfaisante dût me jetter sur des roches voisines.

D'AMON.

Eh quoi ! tu n'as pas revu ta patrie ! tu n'as pas embrassé ta femme et tes enfans !

PYTHIAS.

Pouvois-je penser encore à goûter cette douceur, quand le moindre délai t'alloit devenir si funeste ?

DAMON.

Malheureux que je suis ! je n'ai donc rien fait pour toi !

PYTHIAS.

Eh , ne voulois-tu pas me donner , au péril de tes jours , la con-
solation que le sort m'a ravie ? Combien j'ai souffert dans cette pensée!
Errant sur des rochers déserts , debout jour et nuit sur leur sommet
pour apercevoir de plus loin un
vaisseau , ce n'étoit plus vers Corinthe que se portoient mes vœux ,
je n'appelois plus que Syracuse ,
Syracuse !

DAMON.

Tu savois bien que même en ex-
pirant je n'aurois pas douté de ton
cœur !

PYTHIAS.

Et moi , j'aurois trahi cette généreuse confiance ! Quelque Dieu touché de mon désespoir, a daigné m'envoyer une barque légere, que je l'ai vu défendre lui-même contre les flots orageux. Tranquille enfin sur ton sort, en revoyant ces rivages, avec quelle joie je les ai embrassés! Me voici dans tes mains, Denis; délivre mon ami, tu peux ensuite armer tes bourreaux ou mon assassin que voilà (*en montrant Palinure*).

DENIS.

Qu'entends-je, Palinure? Que la vérité sorte de ta bouche, ou les plus cruels tourmens vont te l'arracher.

PALINURE.

Seigneur, je n'ai fait qu'obéir

à votre favori. Gelon m'avoit or‐
donné de précipiter pendant la nuit
Pythias dans la mer.

PYTHIAS.

Ah, Gelon, je te pardonne de
m'avoir forgé des crimes pour en‐
vahir ma fortune : je te pardonne
d'avoir attenté sur mes jours : mais
que t'avoit fait mon ami , pour
l'envelopper si cruellement dans
ma ruine ?

DENIS.

Réponds, scélérat.

GELON (*dans la plus profonde
consternation*).

Doutez-vous , Seigneur, que le
soin de votre sûreté. . . .

DENIS.

Tais-toi. Pythias étoit innocent, et tu le savois. L'amitié ne s'éleve point jusqu'à cet héroïsme entre des cœurs coupables. Nobles amis, soyez libres ; et vous, méchans, allez mourir. Argus, conduisez les tous deux au supplice.

PYTHIAS.

Arrête, Denis, tu viens de sentir combien il est beau d'être juste......

DAMON.

Apprends combien il est doux d'être généreux.

DENIS.

Quels hommes êtes-vous donc l'un et l'autre, vous qui embrassez

mes genoux pour vos lâches meur-
triers? Mais non, il faut qu'ils meu-
rent. C'est la seule chose que je
puisse jamais refuser à votre vertu.
Va, Gelon, va chercher un ami qui
veuille s'immoler pour toi ; je ne
te fais grâce qu'à ce prix.

DAMON et PYTHIAS.

Ah , Seigneur !....

DENIS.

C'est en vain. Si j'ai déjà versé
tant de sang innocent , je ne veux
pas qu'il en reste de criminel. Le
traître ! je viens de lire au fond de
son ame. Suis-je donc condamné
à ne trouver jamais de cœur fi-
deles ? C'est de vous seuls, mortels

incomparables, que j'attends ce bonheur. Laissez-moi l'espérance d'être un jour le troisieme dans votre amitié.

LE

MORGAN.

Quoi! Mylord.....

FAIRFAX.

Si je ne puis vaincre sa résistance, son fils saura la forcer.

MORGAN.

Son fils?

FAIRFAX.

Oui, Morgan. Le jeune Arthur m'ouvrira, dès ce jour, les portes de Colchester. C'est dans ce dessein que je l'ai fait venir de Londres avec mon fils. On vient de m'annoncer leur arrivée.

MORGAN.

Voici Surrey qui revient de la place.

F

SCENE II.

FAIRFAX, MORGAN, SURREY.

FAIRFAX.

Eh bien, Surrey, la trève est-elle acceptée ? Capell a-t-il agréé l'entrevue que je lui ait fait proposer ?

SURREY.

Oui, Mylord. Les hostilités sont suspendues pour six heures ; et ce matin même, lord Capell doit se rendre sous votre tente.

FAIRFAX.

Pour étaler sans doute à mes yeux son triomphe. Comment vous a-t-il reçu ?

S U R R E Y.

D'un air froid, calme et ferme.
La constance est empreinte sur son
front.

F A I R F A X.

Cet orgueilleux Royaliste demeu-
reroit seul inébranlable, tandis que
le génie tutélaire d'Albion est dans
la terreur! Non, non, il apprendra
bientôt à trembler lui-même. Je
porterai l'effroi dans la partie la
plus sensible de son ame. Surrey,
faites venir mon fils.

(Surrey sort.)

SCENE III.

FAIRFAX, MORGAN.

MORGAN.

OSERAI-JE vous demander, Mylord, quel est votre projet ? Je ne puis venir à bout de le démêler.

FAIRFAX.

Je le crois ; mais il faut vous l'apprendre. Je reçus hier au soir la nouvelle que le Duc d'Hamilton, avec une nombreuse armée, s'avance, suivi de Langdale, au secours de la place. C'est pour le prévenir que j'ai hasardé cette nuit un troisieme assaut. Vous savez quel en a été le succès. Mais l'artifice

va me livrer ce que je n'ai pu saisir par la force.

MORGAN.

Comment le jeune Arthur pourra-t-il vous servir dans cette entreprise ?

FAIRFAX.

Je lui représenterai vivement le
danger qui menace son pere. Ils se
verront tous deux dans mon camp.
Arthur tremblant pour des jours si
chers, va l'engager à se rendre.

MORGAN.

Le croyez-vous, Mylord ?

FAIRFAX.

Je l'espere. Celui que l'univers
armé n'aurait su vaincre, souvent
une seule larme en a triomphé.

F 3

MORGAN.

Capell porte dans son cœur la tendresse d'un pere ; mais il y porte aussi la fermeté d'un héros.

FAIRFAX.

Si les premieres armes de la nature ne peuvent le dompter..... Mais j'aperçois mon fils. Je veux lui parler seul. Allez joindre le jeune Arthur, et n'épargnez aucun moyen pour le faire entrer dans mes vues.

SCENE IV.

FAIRFAX, EDMOND.

FAIRFAX.

EMBRASSE-MOI, mon fils.

EDMOND (*se jetant dans ses bras*).

O mon pere ! que je me trouve heureux de ce que les soins de la guerre ne m'ont pas effacé de votre souvenir !

FAIRFAX.

Ta joie sera bien plus grande, lorsque tu sauras par quel motif je te rappelle auprès de moi.

EDMOND.

Vous me voyez prêt à remplir vos ordres.

FAIRFAX.

Ils seront chers à ton cœur , s'il est sensible à l'amitié.

EDMOND.

Vous me les faites désirer avec une nouvelle impatience.

FAIRFAX.

Tu peux sauver le jeune Arthur du plus grand malheur qu'il ait à craindre.

EDMOND.

Que dites-vous ? Ah , mon pere ! je vous en conjure , ne perdons pas un moment.

FAIRFAX.

Mylord Capell , par une aveugle opiniâtreté , se précipite dans sa ruine. J'estime trop sa bravoure, pour ne pas déplorer son malheur. Le sort de son fils sur-tout, puisque tu l'aimes, ne peut me devenir étranger. Sauvons-les tous les deux d'une perte inévitable.

E D M O N D.

Eh quel moyen faut-il employer? Ah, s'il est en mon pouvoir, avec quelle ardeur je vais le saisir !

F A I R F A X.

Je dois avoir ce matin une entrevue avec Mylord. Je veux lui donner la joie de revoir et d'embrasser son fils. Mais quand je lui peindrai les malheurs dans lesquels son aveuglement l'entraîne, je desirerois qu'Arthur ap-

puyât, par ses prieres, mes représentations.

E D M O N D.

Ah, mon pere, je crains....

F A I R F A X.

Quoi donc ? qu'il n'en puisse
rien obtenir ? Va, mon fils, la nature a donné encore plus de pouvoir aux enfans sur leurs peres,
que les loix n'en donnent aux peres
sur leurs enfans.

E D M O N D.

Je connois Arthur. C'est un fils
trop respectueux pour oser se permettre de détourner son pere de
la conduite qu'il se croit obligé
de tenir.

FAIRFAX.

Quand la nécessité lui en fait un devoir, c'est la plus forte preuve qu'il puisse lui donner de son respect et de sa tendresse.

EDMOND.

Il ne le croira jamais.

FAIRFAX.

Son intérêt demande qu'on l'éclaire. N'es-tu pas son ami ?

EDMOND.

Ah, si je le suis ! Il est après mes parens ce que j'aime le plus au monde. Dans cet instant même où nos peres combattent l'un contre l'autre, je donnerois mes jours pour sauver les siens.

FAIRFAX.

Loin de condamner ce transport, je l'admire. Il m'annonce que le cœur de mon fils est capable des plus beaux mouvemens de générosité. Cest ainsi qu'on doit sentir l'amitié pour en être digne. Tu mourrois pour ton ami : il faut le sauver. Si sa fortune et sa vie te sont chers, soutiens-moi dans mon projet. Va le chercher, et venez ensemble. Je veux me joindre à toi pour le persuader.

EDMOND.

J'obéis. *(à part.)* Ah! que pourrai-je lui dire ?

SCENE V.

L'AMI

DE

L'ADOLESCENCE

SCENE V.

(Fairfax reste un moment seul et pensif. Surrey s'approche de lui)

FAIRFAX, SURREY.

SURREY.

Mylord....

FAIRFAX.

J'allais vous faire appeler, Surrey. Tandis que je vais m'entretenir avec Arthur et mon fils, courez dire à Morgan d'assembler mes troupes, et de les tenir prêtes à se montrer au premier signal.

SURREY *(avec surprise)*.

Je vous demande pardon, Mylord, de ma franchise ; mais un tel ordre a de quoi m'étonner.

FAIRFAX.

Je vous comprends. Allez, soyez tranquille. Fairfax, selon l'usage de la guerre, peut chercher à surprendre son ennemi, mais il ne violera point sa parole. La trève que vous avez su ménager, sera religieusement observée. Je veux seulement, lorsque j'exhorterai l'orgueilleux Capell à se rendre, que ses yeux soient frappés de l'aspect d'une armée brillante et courageuse. Cet appareil en imposera peut-être à son obstination.

SURREY.

Mais, Mylord.....

FAIRFAX (*d'un ton impérieux*).

Allez, ne perdez pas un moment.

SCENE VI.

FAIRFAX, EDMOND, ARTHUR
qui s'avance en saluant respec-
tueusement Fairfax.

FAIRFAX *(le prenant par la main).*

JE me réjouis de vous voir, mon cher Arthur. Je sais votre amitié pour mon fils, et ce sentiment me rend tous vos intérêts bien précieux. Je veux vous en donner un témoignage, en vous réunissant aujourd'hui avec votre pere.

ARTHUR.

Est-ce que vous voulez m'envoyer dans la place, Mylord, pour combattre à ses côtés?

FAIRFAX.

Cette ardeur martiale ne m'étonne point de la part du fils du brave Capell. Mais dans les circonstances présentes, elle ne pourroit tourner qu'à votre malheur.

ARTHUR.

Appelez-vous un malheur de mourir avec mon père, et pour notre Roi?

FAIRFAX.

Votre pere vous est donc bien plus cher que la vie?

ARTHUR.

Daignez faire cette question à votre fils, Mylord, et vous aurez ma réponse.

FAIRFAX.

Eh bien, sans perdre la vie, vous pouvez la conserver, ou plutôt la rendre à votre pere.

ARTHUR.

Ah, dites-le-moi, que puis-je faire pour lui?

FAIRFAX.

La place est hors d'état de se défendre long-temps. Il faut en peu de jours qu'elle soit emportée. Alors, au lieu des lauriers qui couronnent aujourd'hui la tête de Capell, il ne lui restera plus à attendre que la hache des bourreaux.

ARTHUR.

Je conçois les projets de votre

cœur généreux. Vous voulez engager les ennemis de mon pere à prendre la tête de son fils, au lieu de la sienne? Mourir pour son pere et pour son Roi tout ensemble, quelle glorieuse destinée! (*Il se jette à ses pieds.*) Comment vous rendre assez de grâces de m'avoir jugé digne de la remplir!

EDMOND (*à part, essuyant ses larmes.*).

Qu'il va lui en coûter de revenir d'une si noble erreur!

FAIRFAX (*relevant Arthur, et l'embrassant*).

Vous me forcez mon jeune ami, de vous estimer autant que le héros à qui vous devez la naissance,

Mais me croyez-vous assez cruel pour exiger un pareil sacrifice ?

ARTHUR.

Qu'attendez-vous donc de moi ?

FAIRFAX.

Un effort moins funeste pour l'un et pour l'autre. Dans un moment vous verrez ici votre pere. Joignez vos instances aux miennes pour le porter à rendre une place que tout son héroïsme ne peut défendre plus long-temps.

ARTHUR.

Moi, Mylord ?

FAIRFAX.

Représentez-lui la proscription terrible du Parlement, les flots de son sang prêt à couler sur un écha-

faud, la douleur de sa veuve, le
désespoir de son fils, la confisca-
tion de vos biens. Peignez-lui cet
abyme de malheurs où son obstination barbare va tous vous précipiter.

ARTHUR.

Vous daigniez tout-à-l'heure,
Mylord, me témoigner quelque
estime. Ce témoignage venoit-il
du fond de votre cœur?

FAIRFAX.

En doutez-vous, Arthur?

ARTHUR.

Permettez-moi donc de le mériter, et de regarder votre proposition comme une épreuve où vous
voulez mettre ma vertu.

FAIRFAX.

Vous la prouverez assez en arrachant votre pere aux horreurs d'une mort cruelle. Quand il vous verra frémir à ses pieds sur le sort qui le menace , pourra-t-il résister à votre amour suppliant ?

ARTHUR.

Si j'avois cette indigne foiblesse, mon pere est trop sage pour se décider par les larmes d'un enfant tel que moi.

FAIRFAX.

S'il est sage, il verra qu'elles coulent pour son salut.

ARTHUR.

Mettez-vous à sa place, Mylord.

Chargé de la défense d'une ville, la rendriez-vous aux sollicitations de votre fils ?

FAIRFAX (*embarrassé*).

Demandez à mon Edmond quel pouvoir ont sur moi ses prieres. Ingrat, c'est son attachement pour vous qui me fait trembler pour tout ce qui tient à son ami. Votre pere connoît aussi la nature; il ne sera pas insensible à sa voix.

ARTHUR.

Il n'est sensible qu'à la voix de son devoir. Elle lui apprendra bien mieux que moi-même ce qu'il doit faire.

FAIRFAX.

FAIRFAX.

Souvenez-vous que vous tenez sa vie dans vos mains.

ARTHUR.

Pardonnez, Mylord, elle n'est dans les miennes, ni dans les vôtres.

FAIRFAX.

Vous voulez donc le perdre?

ARTHUR.

Quand il seroit en mon pouvoir de le sauver, c'est mon sang qu'il faut me demander pour offrande, et non une trahison.

FAIRFAX.

Je le reconnois, ce sang, à son orgueil indomptable. Ecoutez, Arthur, je ne vous donne qu'un moment pour vous décider. Je reviendrai bientôt vous demander, pour la derniere fois, si vous aimez mieux voir votre pere sur un échafaud, que sur le char de la fortune. Edmond, demeurez auprès de lui. Essayez si votre tendresse lui fera plus d'impression que ma pitié.

ARTHUR.

Votre pitié, Mylord? Elle est trop généreuse. Je ne vous l'avois pas demandée.

(*Fairfax lui lance un regard furieux, et sort sans lui répondre.*)

SCENE VII.

EDMOND, ARTHUR.

(Ils se regardent un moment en silence.)

ARTHUR.

Eh bien, Edmond, quel parti vas-tu prendre? Pour servir ton pere, oseras-tu m'engager à trahir le mien?

EDMOND.

Nous nous connoissons assez l'un et l'autre. Va, tu ne me crois pas plus capable d'en avoir l'idée, que je ne te crois capable de me la soupçonner.

ARTHUR.

N'écoute, pour un moment, ni

l'amitié, ni la nature. Si tu étois
Arthur, que ferois-tu?

E D M O N D.

Je voudrois mériter ce nom que
tu ennoblis, en égalant ta constance. Ce n'est pas moi qui porte-
rois mon pere à une lâcheté !

A R T H U R.

Avec d'autres sentimens, je me
croirois indigne de te voir mon
ami. Hélas ! le seras-tu long-temps
encore ?

E D M O N D.

D'où vient cette injure, Arthur?
En quoi l'ai-je méritée?

A R T H U R.

Pardonne, Edmond, ce n'est pas

toi que je crains. Mais qui sait si ton pere.....

E D M O N D.

Ah ! laisse-moi croire qu'il sent autant que moi le prix de ta vertu. Laisse-moi estimer l'auteur de mes jours.

A R T H U R.

S'il alloit te défendre de m'aimer !

E D M O N D.

Crois-tu donc que je lui pourrois obéir ? Ne t'ai-je pas toujours chéri comme un frere ? Et ces nœuds peuvent-ils se rompre, lorsque tout, au contraire, les resserre dans nos cœurs ? Mon pere, avec tous ses droits, ne sauroit me le commander.

H 3

ARTHUR.

Il m'aimoit autrefois lui-même. Il se réjouissoit de nous voir croître ensemble, compagnons d'exercices et de jeux. Combien de fois nous a-t-il fait promettre de vivre étroitement unis, comme il l'étoit avec son cher Capell ! Tu vois cependant avec quelle fureur il le poursuit aujourd'hui. Ce n'est pas assez de sa ruine ; il veut faire sa honte, ne pouvant lui donner la mort.

EDMOND.

S'il s'oublioit jusqu'à cet excès, que le ciel me pardonne une telle pensée ! j'oublierois, à mon tour, que je suis son fils.

ARTHUR (*essuyant ses yeux*).

Faut-il qu'un nom si doux coûte tant de peine à nos cœurs! Pourquoi ne puis-je penser, sans frémir, à celui qui me donna la naissance? Je le sais trop. La ville ne peut se défendre plus long-tems; et le brave Capell est trop fier pour se rendre. S'il ne meurt pas accablé sous les coups de ses ennemis, s'il tombe vivant entre leurs mains, quelle sera sa destinée ! Plus il aura fait éclater de grandeur d'ame et de valeur, plus on voudra se venger de sa gloire, en le flétrissant. Le plus vertueux des Anglais sera livré au supplice d'un criminel. Ses ennemis sont trop implacables. Cette tête, qu'ils n'ont pu atteindre de leurs armes, ils la feront tomber sous la hache des bourreaux.

EDMOND (*avec feu*).

Non, il ne périra point. Je lui connois un libérateur.

ARTHUR.

Et quel est-il ?

EDMOND.

Moi.

ARTHUR.

Toi, cher Edmond, Où t'égarent les vœux impuissans de l'amitié ?

EDMOND.

Elle a plus de force que tu ne le crois. Le tems nous presse ; il ne s'agit plus de délibérer. Me promets-tu d'exécuter ce que je vais te prescrire ?

ARTHUR.

Tout, si l'honneur me le permet.

EDMOND.

Crois-tu qu'il le condamne, puisque je te le propose ?

ARTHUR.

Eh bien, tu n'as qu'à parler,
et j'obéis.

EDMOND.

Viens donc et suis-moi. Nos deux
chevaux sont encore devant la
tente. Volons en France. Je me remets entre tes mains pour servir
d'ôtage à Capell contre les entre-
prises de Fairfax.

ARTHUR.

Qui, moi, t'arracher à ton pere !

E D M O N D.

Il n'a pas craint de te ravir au tien.

A R T H U R.

Non, je ne me rendrai jamais coupable d'une action que je viens de blâmer dans un autre.

E D M O N D.

C'est pour l'empêcher de la commettre. Au nom de notre amitié, cher Arthur, c'est pour lui, c'est pour moi que je te le demande. Sauve à mon pere d'éternels remords; sauve-moi la douleur de l'en voir tourmenté.

A R T H U R.

Veux-tu me les donner, à moi?.

EDMOND.

Que dis-tu ? Non, tu n'auras point de reproches à te faire. Mon pere, lui-même, quand ses premiers transports seront passés, te bénira dans le fonds de son ame de lui avoir conservé l'honneur.

ARTHUR.

Qu'exiges-tu de moi ? Jamais, Edmond, jamais.

EDMOND (*le saisit par la main, et l'entraîne*).

Je ne t'écoute plus. Il faut me suivre. Partons.

(*Fairfax paroît, suivi de quelques soldats.*)

SCENE VIII.

FAIRFAX, ARTHUR, EDMOND.
Soldats.

FAIRFAX.

Hola, gardes! qu'on les arrête tous deux!

ARTHUR.

Ciel! Mon cher Edmond!

FAIRFAX (*à Edmond*).

Fils ingrat! est-ce donc ainsi que tu remplis mes ordres?

EDMOND.

Vous l'avois-je promis?

ARTHUR (*se jetant à ses pieds*).

Ah! Mylord, si l'honneur vous est cher, ne lui reprochez point sa
désobéissance,

désobéissance, ou ne l'en punissez
que sur moi. C'est mon amitié qui
le portoit à se soustraire à votre pouvoir.

E D M O N D.

Non, non, mon pere, ne l'en
croyez pas. Sa générosité veut vous
surprendre en s'accusant de mes
desseins. Je n'avois pas même encore
forcé sa résistance. J'oserai vous le
dire. Vous n'avez aucun droit sur
lui. Moi, je vous appartiens.. Ma
liberté, mes jours sont à vous. Je les
abandonne à votre colere. Tant
qu'elle ne tombera que sur moi seul,
vous ne m'entendrez point mur-
murer.

F A I R F A X.

Tais toi. Je sais qui je dois punir.

I

Qu'on les enferme chacun dans une
partie séparée de ma tente.

ARTHUR.

Ah ! laissez-moi du moins partager la prison de mon ami.

EDMOND, (*aux gardes*).

Non, vous ne l'arracherez point
de mes bras.

FAIRFAX, (*aux gardes*).

Qu'on m'obéisse.

(*Les gardes les séparent, et les
entraînent malgré leurs efforts.*)

SCENE IX.

FAIRFAX, (*après un long silence,
mélé d'une grande agitation*).

Verrai-je donc mes projets
renversés par mon propre enfant?
Son insolente résistance ne fait que
m'affermir dans ma résolution. Va,
Capell, tu ne seras pas le plus obs-
tiné. Je vais te rendre témoin d'un
spectacle qui fera plier devant moi
ta roideur. C'est pour ton fils,
qu'Edmond ose mépriser mon pouvoir. Arthur m'en vengera sur toi-
même.

SCENE X.

FAIRFAX, SURREY.

SURREY.

MYLORD, je viens de faire exécuter vos ordres. S'il m'étoit cependant permis de vous représenter....

FAIRFAX.

Vos représentations m'importu-
nent. Je n'en ai pas besoin.

SURREY.

Un ami de Lord Capell est à la
porte, et demande à vous parler.

FAIRFAX.

Qu'il entre.

*(Surrey va chercher Kingston,
et l'introduit.)*

SCENE XI.

FAIRFAX, SURREY, KINGSTON.

KINGSTON.

MYLORD, le Gouverneur de Colchester vous fait demander, par ma voix, s'il peut en ce moment avoir l'honneur de vous entretenir.

FAIRFAX.

Je serai toujours prêt à le recevoir. Je vais me hâter de donner quelques ordres, pour que notre conférence ne soit pas interrompue. Surrey, je vous charge de faire à Mylord les premiers honneurs de ma tente. Aussi-tôt qu'il arrivera, faites m'en avertir. Je serai chez le Colonel Morgan.

(*Fairfax et Kingston sortent par deux côtés opposés.*)

S C E N E X I I.

SURREY, (*seul*).

QUEL dessein occupe son esprit ? Un sombre courroux éclate dans ses regards. Les larmes même de son fils n'ont pu l'attendrir. Auroit-il dévoué le jeune Arthur à sa vengeance ? Je ne puis m'empêcher de frémir. Fairfax sans doute est généreux ; mais l'égarement universel des esprits, dans ces tems de trouble et de vertige, a déjà fait commettre tant de forfaits ! Il ne m'en rendra pas du moins le complice. Je ne lui en déguiserai pas l'infamie, s'il vouloit m'y faire tremper : oui, je le sauverai malgré lui-même de tout ce qui peut obscurcir sa gloire.

SCENE XIII.

CAPELL, KINGSTON, SURREY.

KINGSTON, (à *Capell*).

Voici sà tente, Mylord.

SURREY.

(*S'avançant vers Capell, prend avec respect sa main qu'il veut baiser.*)

Intrépide défenseur de Colchester, qu'il me soit permis de baiser la main d'un héros !

CAPELL, (*la retirant avec modestie*).

Elle ne doit recevoir aucunes marques d'honneur, aussi longtems que celles de mon Roi seront flétries par les chaînes. Où est Mylord Fairfax ?

SURREY.

Je me hâte d'aller lui annoncer l'arrivée de son noble ennemi.

SCENE XIV.
CAPELL, KINGSTON.

KINGSTON.

JE crois devoir vous dire, Mylord, que tout ce que je vois ici me paroît étrangement suspect.

CAPELL, (*d'un air tranquille*).

En quoi donc, mon ami ? Ne

vous formez pas de vaines terreurs.

K I N G S T O N.

Elles vous paroîtront assez fon-
dées, si vous daignez y réfléchir.
Fairfax étoit instruit par ma bouche
du moment de votre arrivée. Pourquoi ne pas rester et vous recevoir
lui-même ? Pourquoi sortir aussi-
tôt, sous prétexte d'ordres impor-
tans à donner ? Pourquoi tout son
camp enfin se trouve-t-il sous les
armes à votre passage ?

C A P E L L.

Que prétendez-vous conclure de
ces vaines apparences ?

K I N G S T O N.

Ne pourroient-elles pas couvrir
quelque trahison secrette ?

C A P E L L.

Kingston, je ne crains rien. Les lois de la guerre sont sacrées à toutes les nations. Le conquérant le plus avide, l'homme de sang le plus féroce les observe envers les autres, pour qu'on les observe envers eux-mêmes.

K I N G S T O N.

Celui qui porte les armes contre son Roi, peut bien violer sa parole envers de simples sujets.

C A P E L L.

Ce n'est pas moi qu'il auroit choisi pour y manquer.

K I N G S T O N.

Mais, Mylord,....

CAPELL.

Non, je connois Fairfax. J'ai une trop haute idée de son caractere, pour le juger capable d'une bassesse. Le fanatisme de l'indépendance peut avoir égaré son esprit, sans avilir ses sentimens. Quoique des opinions de parti nous divisent, l'amitié nous unit autrefois. Il est encore jaloux de mon estime; et ce n'est point à mes yeux qu'il s'écartera des voies de l'honneur.

KINGSTON.

Je le souhaite, Mylord. Mais le voici.

(Capell s'avance vers Fairfax; avec une contenance assurée.)

SCENE XV.

FAIRFAX, CAPELL, KINGS-
TON, SURREY.

CAPELL.

JE ne puis vous donner, Mylord, une marque plus sûre de confiance, qu'en venant dans votre tente accompagné d'un seul ami.

FAIRFAX.

Puisque vous le jugez digne de ce titre, il peut assister à notre entrevue.

CAPELL.

Je n'en recuserois pas un ennemi pour témoin. Je suis prêt à vous entendre.

FAIRFAX.

FAIRFAX.

J'ai à vous proposer, au nom du Parlement, tous les avantages qui peuvent répondre à la haute considération dont il est pénétré pour vos vertus.

CAPELL.

Si elles méritent quelque prix, je ne dois le recevoir que de mon Souverain, qui l'est aussi du Parlement.

FAIRFAX.

Que peut faire pour vous un Prince sans états?

CAPELL.

Je soutiendrois peut-être ses intérêts avec moins de zele, si les miens pouvoient y être attachés. C'est

Tome 8. Adol.   K

lorsque mon ambition n'attend aucune récompense, que je me sens plus fier de le servir.

F A I R F A X.

Ce sentiment est d'une grande ame. Mais, vous le voyez, une révolution dans le gouvernement est inévitable. Est-il en votre pouvoir de l'arrêter ? Que prétendez-vous opposer à un parti triomphant ?

C A P E L L.

Mon devoir, qui me prescrit de demeurer fidelle à un Prince malheureux.

F A I R F A X.

Vous avez déjà fait tout ce qu'on peut attendre d'un homme d'honneur.

C A P E L L.

Non, pas tout encore, puisqu'il me reste à le soutenir.

F A I R F A X.

Et par quels moyens vous en flattez-vous ? Les murailles de votre place, ne sont plus que des monceaux de ruines. Vos soldats sont réduits à manquer des derniers alimens.

C A P E L L.

Ils ont encore des munitions de guerre, et du courage pour les employer.

F A I R F A X.

Le courage ne peut leur manquer sous vos ordres. Mais sans la force à quoi leur serviroit-il ? Colchester, quoique soutenu de votre bras, ne sauroit tarder à se rendre.

K 2

C A P E L L.

Vous en a-t-il parlé dans l'assaut de cette nuit ?

F A I R A A X.

Si ce n'est aujourd'hui , ce sera demain. Mais demain le Parlement vous proscrira comme un ennemi de la république : au lieu qu'il vous offre aujourd'hui par mon organe le titre de Duc et le gouvernement d'une place de guerre.

(Capell se détourne , et cache sa tête dans ses mains).

F A I R F A X.

Pourquoi détournez-vous de moi votre visage ?

C A P E L L.

De peur que vous ne le voyez

rougir et pour vous et pour ma nation.

F A I R F A X.

Calmez-vous, Mylord, et discutez ma proposition de sang-froid.

C A P E L L.

Doit-elle être l'unique objet de notre conférence ?

F A I R F A X.

Elle est assez importante puisque votre salut en dépend.

CAPELL, (*faisant un mouvement pour se retirer.*)

Adieu, Mylord.

F A I R F A X, (*à part*).

Pourquoi faut-il que je sois réduit à me contraindre ?

K 3

(Il fait un pas vers lui , et le retient par la main).

Encore un instant, lord Capell.
Croyez-moi, laissez-là d'aveugles
préjugés de servitude. Irez - vous
leur sacrifier les honneurs prêts à
réjaillir sur vous et sur votre famille ?

C A P E L L.

O nobles Anglais, que vous êtes
déchus de votre antique gloire !
Les honneurs se vendent sur le sein
d'Albion au poids de l'ignominie.

F A I R F A X.

C'est la Patrie qui vous les
offre.

C A P E L L.

La Patrie ! étouffez ce nom dans

votre bouche, si vous ne savez que
le blasphémer.

FAIRFAX.

Osez-vous l'attester vous-même,
vous qui servez sous son oppresseur?
Votre bras est désormais trop foible
pour enchaîner la liberté victo-
rieuse. Les fondemens du trône
chancelent. Un jour encore, et ils
seront renversés.

CAPELL.

Eh bien, je m'ensevelirai sous
leurs ruines.

FAIRFAX.

Le Parlement vous en arrachera
tout vivant, pour vous condamner
à une mort ignominieuse.

C A P E L L.

Est-ce m'en délivrer que de me condamner à une vie infâme ?

F A I R F A X.

Que sera-t-elle pour vous, lorsque l'Angleterre affranchie d'un joug honteux, ne prononcera votre nom qu'avec horreur, quand vous entendrez votre épouse déshonorée maudire l'instant de votre union, quand votre fils vous poursuivant jusques sur l'échafaud des cris du désespoir, vous reprochera des jours qu'il lui faudra traîner dans l'indigence et dans l'opprobre ?

C A P E L L.

O comble inouï d'audace ! Est-ce donc vous, sujet infidelle, qui voulez m'effrayer par des flétrissures, qui ne sont attachées qu'à votre ré-bellion ? Non, non ; j'aurai pour moi les regrets de tous les gens de bien. Ma femme et mes enfans béniront ma mémoire. Le Ciel sera l'époux de ma veuve, et le pere de mon fils orphelin.

F A I R F A X.

C'en est trop vil esclave du despotisme. Puisque l'intérêt de ta vie ne peut t'émouvoir, il est tems de trembler pour une tête plus chere.

(*Il appelle*).

Morgan !

SCENE XVI.

FAIRFAX, CAPELL, ARTHUR, MORGAN, SURREY, KINGS-TON, deux Soldats.

Un rideau se leve au fond de la tente. On voit Arthur enchaîné. Deux soldats sont à ses côtés, lui tenant chacun un poignard sur le sein. Derriere eux est Morgan.

CAPELL.

Ciel ! que vois-je ?

(Il se laisse tomber dans les bras de Kingston).

FAIRFAX.

Le reconnoissez-vous ?

CAPELL (*se relevant avec indignation*).

Mon fils en ton pouvoir! Ah,
lâche! tu ne le dois pas du moins
à tes armes.

FAIRFAX.

Rendez – moi les vôtres, il est
à vous. C'est le seul moyen qui
vous reste. Voulez-vous lui sauver
la vie?

CAPELL.

Oui, traître, par ta mort.

(*Il saisit impétueusement son
épée pour en frapper Fairfax*).

MORGAN.

Si vous faites un pas, Mylord,
vous et votre fils, vous êtes perdus.

ARTHUR.

Que rien ne vous arrête, mon pere ! Vengez-vous. Je ne crains pas de mourir, je suis votre fils.

CAPELL.

(Faisant rentrer dans le four-reau son épée à demi-nue, et s'a-dressant à Fairfax).

Barbare ! je ne te parle point de notre ancienne amitié. Il n'en reste plus entre nous, depuis ta révolte criminelle. Je ne veux rien de toi. Mais que ta fait cette innocente victime ?

FAIRFAX.

Il vient de me braver, il n'y a qu'un instant, avec autant de hauteur que son pere.

CAPELL.

CAPELL.

Entends-le braver encore tes me-
naces et tes bourreaux. O mon cher
Arthur, que ne puis-je t'embrasser,
lorsque je te vois si digne de ma
tendresse !

KINGSTON *(à Fairfax)*.

Et quoi Mylord, voulez-vous
souiller à jamais votre renommée
par le meurtre d'un enfant?

FARFAIX.

Ce n'est pas moi qui l'immole,
c'est son pere cruel. Il ne doit s'en
prendre qu'à sa farouche opiniâtreté. Qu'il me rende une place
qu'il ne peut défendre, et je lui
rends son fils ; sinon il faut qu'il
meure pour la terreur de ces es-

L

claves pusillanimes, qui voudroient anéantir la liberté, quand elle rétablit son empire.

CAPELL (*d'un ton pathétique à Arthur*).

Mon fils, Dieu, ton prince et l'honneur !

SURREY (*à part*).

Je ne laisserai point achever cet horrible sacrifice, quand il devroit m'en coûter la vie.

(*Il sort*).

SCENE XVII.

FAIRFAX, CAPELL, ARTHUR, MORGAN, KINGSTON, les deux soldats.

(Capell et son fils se regardent tendrement, en se tendant les bras l'un à l'autre).

CAPELL.

ARTHUR, mon cher Arthur! que dirai-je à ta mere désolée?

KINGSTON.

Ah, Mylord! le laisserez-vous ainsi massacrer?

CAPELL.

Que faites-vous, Kingston? Voulez-vous ébranler ma constance, quand il faudroit la soutenir? J'ai bien assez à combattre la nature.

F A I R F A X.

Vous n'avez plus qu'un instant, Lord Capell.

C A P E L L.

Pourquoi prolonger mon supplice? Laisse-moi sortir. Je ne voudrois pas expirer sous tes yeux.

M O R G A N.

Arthur, n'avez-vous rien à dire à votre pere?

A R T H U R *(avec fermeté)*.

Rien. Il sait tout ce qui se passe dans mon cœur.

M O R G A N *(aux soldats)*.

Tenez-vous prêts à mon signal.

CAPELL.

Adieu, mon fils. Encore une fois, Dieu, ton prince et l'honneur! Je ne te survis un moment que pour te venger.

(Il se détourne, et se dispose à partir).

FAIRFAX *(à part).*

Inflexible vertu, que je suis forcé d'admirer malgré moi-même!

(Haut).

Mais que vois-je?

SCENE XVIII.

FAIRFAX, CAPELL, EDMOND, ARTHUR, MORGAN, KINGS-TON, SURREY, les deux soldats.

EDMOND

(Accourant avec la plus grande précipitation, et jetant ses bras autour du jeune Capell)

ARTHUR, ô mon ami! non, tu ne mourras point sans moi.

FAIRFAX.

Que faites-vous, mon fils?

EDMOND.

Ne me donnez pas davantage un nom que je déteste. Assouvissez

votre barbarie. Vous avez une victime de plus.

FAIRFAX.

Insolent, qui t'a conduit ici?

SURREY.

Moi, Mylord. J'ai forcé sa prison, et je m'en glorifie.

EDMOND (*à Fairfax*).

Vous êtes le seul qui ne connoissez pas la pitié. (*Aux soldats*). Ce
n'est pas la vôtre dont j'ai besoin.
Hâtez-vous de frapper. De quoi
tremblez-vous?

ARTHUR (*cherchant à se dégager
de ses bras*).

Laisse-moi, cher Edmond. Pourquoi me rendre la mort plus dou-
loureuse?

E D M O N D.

Je ne te quitte point. Je ne veux pas survivre à mon ami, quand j'ai perdu celui qui dut être mon pere.

C A P E L L.

Tu veux m'arracher mon fils : le tien te renonce. Je suis vengé.

E D M O N D.

Laisse-moi te serrer plus étroitément encore, mon cher Arthur. Je veux mourir du même coup que toi.

C A P E L L.

Tu les vois, Fairfax. Il ne te reste plus qu'à frapper toi-même.

F A I R F A X.

C'en est fait, Capell ; je suis vaincu. Edmond, ôtez les fers à votre ami, et rendez-le à son pere.

Mes mains ne sont pas dignes de toucher ce jeune héros.

(Morgan et les deux soldats se retirent).

ARTHUR

Cher Edmond, c'est donc à toi que je dois la vie !

EDMOND.

O mon ami !

(Il lui ôte ses fers, et le conduit à Capell, qui les serre tous deux dans ses bras).

ARTHUR.

Mon pere !

EDMOND.

Milord !

CAPELL *(les tenant dans ses bras, et les regardant tour-à-tour avec tendresse).*

Donnez-moi le même nom, tous les deux, mes chers enfans. Je ne sais plus lequel de vous est mon fils.

EDMOND.

(Voyant les yeux de son pere baignés de pleurs, se dégage des bras de Capell, et se précipite aux pieds de Fairfax).

Je vous retrouve aussi, mon pere! Ah, ne me dérobez point ces larmes. Mylord, Arthur, Surrey, les voyez-vous couler?

FAIRFAX, *(le relevant).*

Mon cher Edmond, je n'oublierai jamais que tu m'as sauvé une action honteuse.

(Le présentant à Arthur).

Aimez-vous toujours, dignes

amis, et que le sort vous fasse vivre en des tems plus heureux que vos peres.   (*à Capell*).

Vous êtes libre, Mylord, de rentrer dans la place. Mon admiration vous y suit. Plût au Ciel que je fusse aussi digne de votre estime!

ARTHUR, *(baisant la main de Capell.*

O mon pere, ne nous quittons plus. Je veux aller combattre auprès de vous.

CAPELL.

Tu en as fait assez pour ton parti. Ton nom seul va devenir le plus ferme soutien de Colchester. Quel soldat assez lâche parleroit de se rendre, quand il saura ta constance?

A R T H U R.

Laissez-moi la soutenir encore par mes actions. Il faut que je vous suive.

C A P E L L.

Non, mon fils, reçois mes adieux. C'est peut-être, hélas! pour la derniere fois que je t'embrasse. Mon devoir est d'aller affronter la mort pour mon pays: le tien est de vivre pour le servir mieux un jour dans la force de ton âge. (*à Fairfax*). Après ce qui vient de se passer, Fairfax, je n'ai plus rien à craindre de toi. Je te laisse mon fils pour le renvoyer à sa mere, et je cours t'attendre sur la brêche.

CROMWELL

131

CROMWEL envoyé par Fairfax pour arrêter la marche de Langdale et d'Hamilton, ayant vaincu successivement ces deux généraux, dont le dernier tomba entre ses mains ; le Comte de Holland ayant aussi été battu et fait prisonnier par un autre détachement de l'armée parlementaire, les habitans de Colchester, qui ne résistoient plus que par l'espérance de recevoir des secours, se virent enfin réduits à la nécessité de capituler. Ils envoyerent des députés à Fairfax pour traiter de la reddition de la Ville à des termes honorables. Irrité de l'obstination de leur défense, il ne leur proposa d'autre parti, que de se rendre à discrétion. Sur cette réponse, on employa deux jours à délibérer dans la place. La premiere résolution des officiers étoit de s'ouvrir, les armes à la main, un passage à tra-

M

vers le camp des ennemis ; mais le peu de chevaux échappés à leur faim , se trouvoient trop foibles pour cette entreprise. D'un autre côté , les soldats épuisés de fatigue , étoient hors d'état dé soutenir un nouvel assaut. On fut donc obligé d'ouvrir les portes à Fairfax , et de se soumettre aux conditions qu'il lui plairoit d'imposer.

Après avoir renvoyé les soldats sans armes et sans bagages , il fit renfermer tous les Officiers dans une salle de la ville , avec ordre de lui remettre leurs noms. Ireton , que Cromwel dans son absence avoit laissé pour inspecteur au docile Général, choisit dans cette liste ses ennemis pour victimes. Sir Charles Lucas , Sir Georges Lisle , et Sir Bernard Gascoigne furent conduits devant le conseil de guerre , où Fairfax leur déclara , qu'en punition de leur résistance opiniâtre , et pour l'exemple de ceux qui les voudroient imiter , ils étoient condamnés à recevoir la mort ce jour même au pied des murs du château.

Cette nouvelle ayant été communiquée aux autres prisonniers , Capell chargea un Officier de la garde de porter au Conseil de guerre une lettre signée des principaux d'entre eux, dans laquelle ils le supplioient de révoquer sa cruelle sentence , ou de la faire subir à tous les autres , qui rougissoient de s'en voir exceptés. Cette lettre généreuse n'eut d'autre effet que de faire presser le supplice de leurs infortunés compagnons.

Sir Charles Lucas , qui fut passé le premier par les armes , donna le signal à ses bourreaux avec la même liberté d'esprit que s'il eût commandé une décharge à ses propres soldats. Lisle le voyant tomber , courut à lui, embrassa son cadavre ; et se relevant ensuite, il

regarda fièrement en face les fusiliers ,
et leur dit d'approcher davantage. Un
d'eux lui répondit qu'ils étoient assez
proche, et qu'il ne le manqueroient pas.
Amis, leur répliqua-t-il en souriant , je
me suis trouvé plus près de vous, et
vous m'avez manqué (1).

Après cette exécution sanguinaire ,
Fairfaix , suivi d'Ireton , se rendit dans
la salle de la ville pour visiter les prisonniers. En adressant ses civilités au
Comte de Norwich et à Capell , il crut
leur devoir des excuses sur la rigueur
que la justice militaire avoit exigé de lui.
Mais Capell, qui regardoit Ireton comme

(1) Sir Bertrand Gascoigne , ou plutôt
Guascon , Gentilhomme Florentin , fut épargné
par le Conseil de guerre , dans la crainte que
le Grand-Duc de Toscane, informé de cette
violence, n'usât de représailles envers les An-
glois qui se trouveroient dans ses états.

l'unique auteur de cette barbarie, l'accabla des reproches les plus amers, dont celui-ci trouva bientôt l'occasion de se venger.

Le Parlement ayant donné ordre de faire conduire le Comte de Norwich et Lord Capell au château de Windsor, ils s'y virent réunis avec le Duc d'Hamilton, pour déplorer ensemble leurs infortunes. Bientôt ils furent transférés à la tour de Londres, dans l'attente de la loi que le Parlement alloit prononcer sur leur destinée.

Un mois et quelques jours après le meurtre exécrable de Charles Ier, on forma une nouvelle Cour de Haute-Justice pour juger ces trois Seigneurs, ainsi que le Comte de Holland, et Sir John Owen, qui, dans le soulevement du pays de Galles en faveur du Roi, avoit tué de sa main un Shérif.

Capell parut avec la plus noble fer-

meté devant ses juges , et refusa de re-
connoitre leurs pouvoirs , disant qu'en sa
qualité de soldat et de prisonnier de
guerre, il n'avoit rien à démêler avec des
gens de robe. Sur quoi Bradshaw, prési-
dent de la Commission , lui répondit par
une allusion insolente et barbare à la sentence du Roi , qu'ils avoient bien jugé un
homme qui valoit mieux que lui. Après
quelques débats , où Ireton s'emporta de
toute la violence de son caractere, l'arrêt
fut prononcé contre Capell et les autres
prisonniers (2). Ils furent condamnés à
perdre la tête. On ne leur accorda que
trois jours pour régler leurs affaires , et
se disposer à la mort.

____

(2) Lorsque Sir John Owen entendit son arrêt,
il fit une profonde révérence aux Juges, et leur
adressa ses remercimens, disant tout haut que
c'étoit un honneur extrême pour un pauvre gentilhomme Gallois de perdre sa tête avec de si
grands Seigneurs, et que sa plus vive crainte
avoit été de n'être que tout simplement pendu.

Myladi Capell employa cet intervalle
à dresser une supplique, qu'elle fit présenter au Parlement. Lorsqu'on en fit la
lecture, plusieurs personnes s'empressè-
rent de la soutenir par l'éloge de toutes les
vertus que son époux avoit fait éclater.
Cromwell lui-même lui donna de si grandes
louanges, et fit profession de lui porter
tant de respect et d'amitié que tout le
monde pensoit qu'il alloit se déclarer en
sa faveur, lorsqu'il ajouta, d'un ton hypo-
crite, que son zèle pour la cause publi-
que l'emportoit sur ses affections particu-
lieres ; qu'il connoissoit Lord Capell pour
le dernier homme de l'Angleterre qui
abandonneroit le parti de la Couronne ;
que l'inflexibilité de ses principes ; son
expérience et sa valeur, le nombre et l'attachement de ses amis ; le rendoient le
plus redoutable ennemi du Parlement ;
qu'aussi long-tems qu'ils lui laisseroient la
vie, à quelque condition qu'il fût réduit,

ils le trouveroient *comme un buisson
d'épines à leurs côtés ;* et il finit en pro-
testant que sa conscience et le bien de
l'Etat lui faisoient un devoir de donner sa
voix pour rejeter la supplique.

L'implacable Ireton se livra avec moins
de déguisement aux transports de sa haine.
Il soutint avec fureur, dans le Parlement,
la sentence qu'il avoit fait rendre dans la
Haute-Cour de justice. Quoiqu'il n'y eût
pas un seul homme qui ne fût pénétré
d'estime et de vénération pour Capell, et
qu'il y en eut bien peu qui eussent contre
lui quelque sujet d'animosité personnelle,
la justice due à ses vertus, et la pitié dont
on se se sentoit ému pour sa destinée, furent étouffés par la terreur qu'inspiroient
ses deux ennemis ; et sa proscription fut
abandonnée à leurs vengeances.

On avoit dressé un échafaud sous les
fenêtres du Parlement. Aussi-tôt que le
Duc d'Hamilton et le Comte de Hol-

land eurent subi leur supplice (3), on fit appeler Capell. Il traversa, d'une marche assurée et d'un air serein, la salle de Westminster, saluant avec gravité

---

(3) Le Comte de Norwich et Sir John Owen avoient obtenu leur grâce. Lorsque la pétition du premier fut mise en délibération au Parlement, le nombre des voix pour et contre se trouva si parfaitement égal, que sa destinée ne tenant plus qu'au suffrage de l'Orateur, celui-ci, qui avoit reçu autrefois quelques services du Comte, se crut obligé, par reconnoissance, de lui sauver la vie.

Sir John Owen, indifférent pour la sienne, n'avoit pas même songé à présenter de pétition. Ireton trouva plaisant de faire servir cette négligence même, de titre pour réclamer en sa faveur la clémence du Parlement. Il crut d'ailleurs, par cette exception, faire une nouvelle insulte aux trois Lords, et rendre leur mort plus cruelle, en leur montrant un simple particulier sauvé sans pétition de la rigueur de la sentence, tandis que leurs pétitions avoient été rejettées avec tant de mépris.

toutes les personnes de sa connoissance. Le Docteur Morley, son ami, qui ne l'avoit pas quitté depuis l'instant de l'arrêt s'empressoit de l'accompagner pour recevoir ses derniers soupirs. Mais il fut retenu par les soldats au pied de l'échafaud. Mylord prit congé de lui, l'embrassa tendrement, le remercia de ses soins, et ne voulut pas qu'il s'obstinât à le suivre, de peur de l'exposer à la brutalité de ces satellites. S'étant ensuite avancé sur le bord de l'échafaud, il jeta autour de lui des regards tranquilles, et demanda si les autres Lords avoient parlé au peuple la tête couverte. Comme on lui répondit qu'ils avoient ôté leur chapeau, il donna le sien à garder à l'un de ses gens. Alors, d'une voix libre et ferme, il dit qu'il venoit perdre la vie pour une action dont il ne pouvoit avoir de regret; qu'ayant été nourri dans des principes d'attachement pour la constitution de son pays, de

fidélité pour son Prince, et de dévoue-
ment pour sa religion, il n'avoit jamais
violé sa foi envers aucune de ses trois
puissaaces ; qu'il étoit maintenant condamné à mourir contre toutes les lois de
l'Etat ; et que cependant il se soumettoit
à cette inique sentence.

Il s'étendit ensuite sur les louanges du
Roi qu'ils venoient d'immoler, en priant
le Ciel de pardonner ce crime à la nation
aveuglée. Il finit en leur recommandant
vivement de reconnoître dans le fils de
Charles leur légitime Souverain. Enfin,
après une courte et fervente priere, il
tendit la tête au coup fatal qui priva l'Angleterre du plus vertueux citoyen qui lui
fût resté.

F I N.